우리 친구들을 소개합니다

소프트웨어 쏘피

나이 : 9세
성격 : 남에게 지지 않으려고 열심히 함
특징 : 하리의 여자친구, 친구들을 잘 챙겨주지만 가끔은 엉뚱한 일을 벌임

하드웨어 하리

나이 : 8세
성격 : 다른 사람을 잘 믿고 순진함
특징 : 아침에 늦잠을 자고 있을 때 컴퓨터라고 외치면 바로 일어남

어플리케이션 어스

나이 : 7세
성격 : 착하지만 잘난 척을 잘함
특징 : 악동이고 말썽을 잘 피움. 쏘피를 좋아하고 하리에게 장난을 잘함

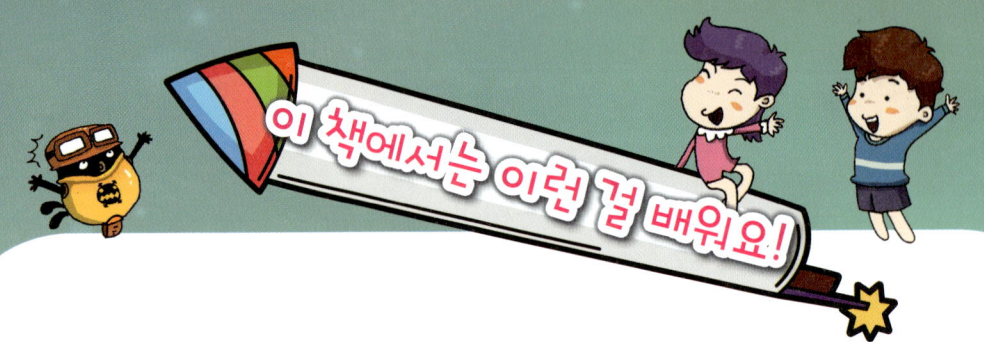

Part 1 하리와 디지털 화가되기

- **01** 야~ 핫도그다. ……………………………………… 6
- **02** 우주 왕복선을 타고 우주로 가요. ……………… 12
- **03** 자, 여기를 보세요. 찰칵~ ……………………… 20
- **04** 울릉도 동남쪽 뱃길 따라 200리~ ……………… 26
- **05** 나비와 나방은 차이점이 있어요. ……………… 34
- **06** 약속을 잊으면 안 돼. …………………………… 38
- **07** 우리, 세계여행 가자~ …………………………… 42
- **08** **종합활동** ………………………………………… 48

타자 연습	01장	02장	03장	04장	05장	06장	07장	08장

Part 2 쏘피와 인터넷 매니저되기

- **09** 엣지야, 얼굴이 까매졌네~ ……………………… 52
- **10** 한 번에 갈 수 있네. ……………………………… 56
- **11** 안녕, 나는 월-E야. ……………………………… 62
- **12** 여기가 현실인가요? ……………………………… 66

이 책에서는 이런 걸 배워요!

13	우리, 사진 보자~	70
14	우리, 쇼핑하자~	76
15	발음이 비슷하네.	82
16	**종합활동**	88

타자 연습	09장	10장	11장	12장	13장	14장	15장	16장

Part 3 어스와 컴퓨터 의사되기

17	컴퓨터야, 기억이 안 나니?	92
18	컴퓨터야, 정리하자~	96
19	바탕 화면 아이콘이 커졌네.	100
20	별이 빛나는 밤~	104
21	모니터가 몇 대야?	110
22	컴퓨터야, 조금 줄이자~	116
23	컴퓨터야, 많이 아프니?	122
24	**종합활동**	126

타자 연습	17장	18장	19장	20장	21장	22장	23장	24장

자료 다운로드 방법

1 렉스미디어 홈페이지(http://www.rexmedia.net)에 접속한 후 [자료실]-[대용량 자료실]을 클릭합니다. 그런 다음 렉스미디어 자료실 페이지가 표시되면 [빵터진 컴퓨터 모험] 폴더를 클릭합니다.

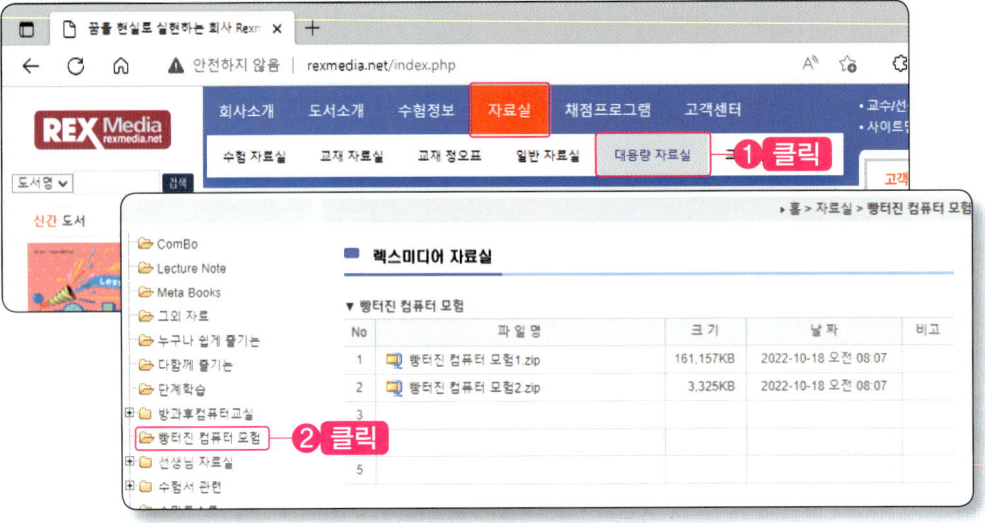

2 [빵터진 컴퓨터 모험2.zip] 파일을 클릭한 후 다운로드가 완료되면 [폴더에 표시]를 클릭합니다.

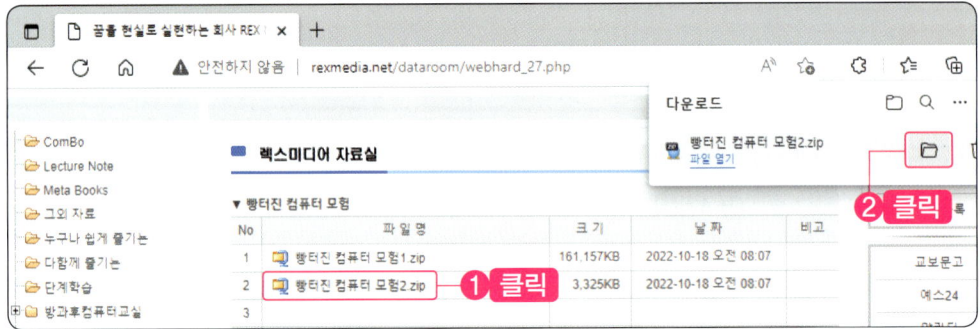

3 파일 탐색기가 실행되면 파일을 바탕 화면에 압축 해제한 후 [빵터진 컴퓨터 모험2] 자료를 확인합니다.

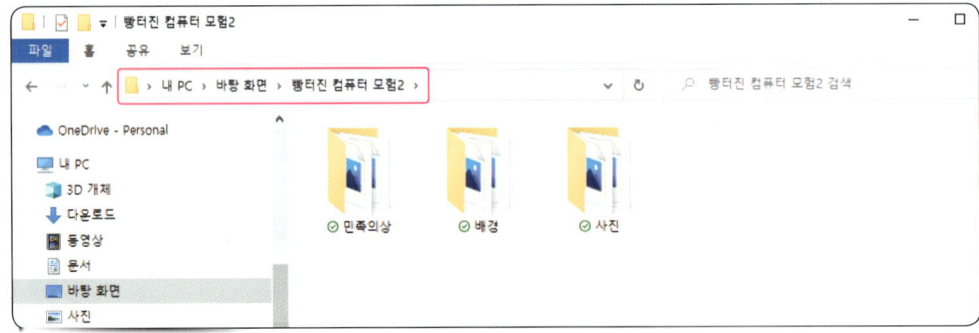

PART 01

하리와 디지털 화가되기

01. 야~ 핫도그다.
02. 우주 왕복선을 타고 우주로 가요.
03. 자, 여기를 보세요. 찰칵~
04. 울릉도 동남쪽 뱃길 따라 200리~
05. 나비와 나방은 차이점이 있어요.
06. 약속을 잊으면 안 돼.
07. 우리, 세계여행 가자~
08. 종합활동

01

야~ 핫도그다.

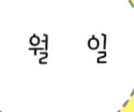
월 일

- 그림판에서 핫도그를 그리는 방법에 대해 알아봅니다.
- 핫도그를 두 번 먹은 것처럼 그리고 저장하는 방법에 대해 알아봅니다.

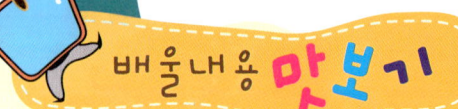
배울내용 맛보기

여러분~ 안녕! 그림판에서 핫도그를 그렸네요. 진짜 핫도그를 두 번 먹은 것처럼 잘 그렸어요. 그럼, 그림판에서 핫도그를 그리는 방법과 핫도그를 두 번 먹은 것처럼 그리고 저장하는 방법에 대해 알아볼까요?

그림판에서 핫도그 그리기

윈도우 10에서 제공하는 보조프로그램에는 그림판, 워드패드, 캡처 도구 등이 있는데요. 그림판은 그림을 그리거나 수정할 수 있는 프로그램이랍니다. 그럼, 그림판에서 핫도그를 그리는 방법에 대해 알아볼까요?

1 그림판을 실행하기 위해 ⊞[시작] 단추를 클릭한 다음 앱 뷰에서 [Windows 보조프로그램]을 클릭하고 [그림판]을 클릭합니다.

2 그림판이 실행되면 막대를 그리기 위해 [홈] 탭–[도형] 그룹에서 도형(□[직사각형])을 선택한 다음 ✐[도형 윤곽선](윤곽선 없음)과 ⬛[도형 채우기](단색)를 선택합니다. 그런 다음 [색] 그룹에서 색 2(밤색)를 선택하고 다음과 같이 드래그한 다음 그리기 영역의 빈 부분을 클릭합니다.

- 도형을 클릭한 다음 □[직사각형]을 클릭하면 도형을 선택할 수 있는데요. 같은 방법으로 ✐[도형 윤곽선]을 클릭한 다음 [윤곽선 없음]을 클릭하여 도형 윤곽선을 선택하고, ⬛[도형 채우기]를 클릭한 다음 [단색]을 클릭하여 도형 채우기를 선택합니다.
- [색 1]은 연필, 브러시, 도형 윤곽선에 사용되고, [색 2]는 지우개와 도형 채우기에 사용됩니다.

01. 야~ 핫도그다.

3 핫도그를 그리기 위해 [홈] 탭-[도형] 그룹에서 도형(○[타원])을 선택합니다. 그런 다음 [색] 그룹에서 색 2(주황)를 선택하고 다음과 같이 드래그한 다음 그리기 영역의 빈 부분을 클릭합니다.

- 그리기를 잘못한 경우에는 빠른 실행 도구 모음에서 ⤺[실행 취소]를 클릭한 다음 다시 그립니다.
- Shift 를 누른 상태에서 타원을 그리면 정원(완전히 동그란 원)이 그려지고, 직사각형을 그리면 정사각형이 그려집니다.

4 설탕을 뿌린 것처럼 그리기 위해 [홈] 탭에서 브러시(🖌[에어브러시])를 선택한 다음 크기(━[24px])를 선택합니다. 그런 다음 [색] 그룹에서 색 1(흰색)을 선택하고 다음과 같이 드래그합니다.

5 핫도그가 그려집니다.

빵터진 컴퓨터 모험2

핫도그 두 번 먹은 것처럼 그리고 저장하기

그림판은 연필, 색 채우기, 지우개 등의 도구를 제공하는데요. 지우개를 사용하면 핫도그를 두 번 먹은 것처럼 그릴 수 있답니다. 그럼, 핫도그를 두 번 먹은 것처럼 그리고 저장하는 방법에 대해 알아볼까요?

1 핫도그를 두 번 먹은 것처럼 그리기 위해 [홈] 탭–[도구] 그룹에서 [지우개]를 클릭한 다음 크기(━━[10px])를 선택합니다. 그런 다음 [색] 그룹에서 색 2(흰색)를 선택하고 다음과 같이 드래그합니다.

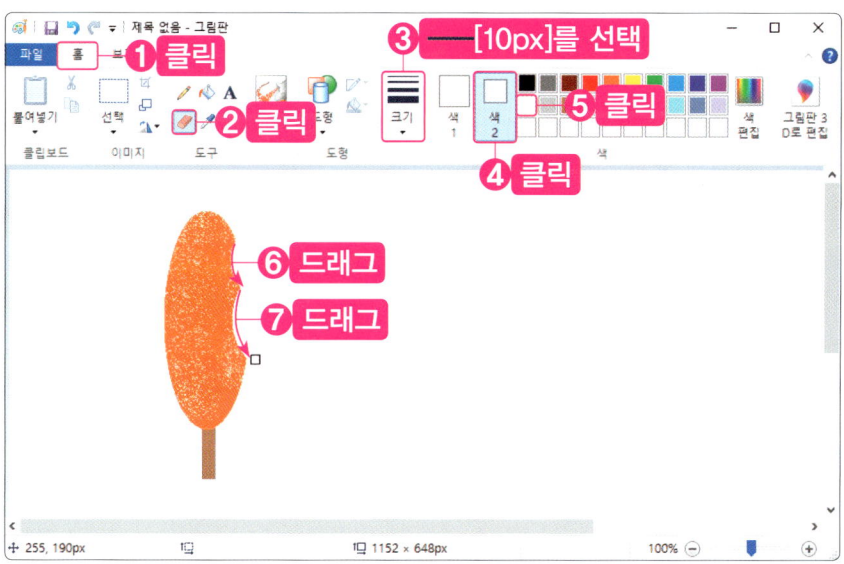

2 핫도그 그림을 저장하기 위해 [파일] 탭에서 [저장]을 클릭합니다.

빠른 실행 도구 모음에서 [저장]을 클릭하거나 Ctrl+S를 눌러 핫도그 그림을 저장할 수도 있습니다.

9

01. 야~ 핫도그다.

❸ [다른 이름으로 저장] 대화상자가 나타나면 폴더(내 PC\사진)와 파일 형식(JPEG)을 선택한 다음 파일 이름(핫도그)을 입력하고 [저장] 단추를 클릭합니다.

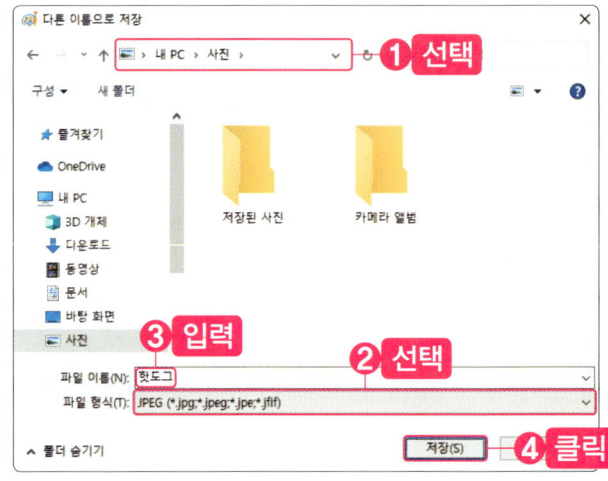

잠깐만요!

파일 형식
- 24비트 비트맵 : 그림을 고품질로 저장하고 주로 컴퓨터에서 사용합니다.
- JPEG : 그림을 일반품질로 저장하고 주로 컴퓨터, 인터넷, 이메일에서 사용합니다.
- GIF : 그림을 저품질로 저장하고 주로 인터넷이나 이메일에서 사용합니다.
- PNG : 그림을 고품질로 저장하고 주로 컴퓨터나 인터넷에서 사용합니다.

❹ 핫도그 그림이 저장되면 그림판을 종료하기 위해 ☒[닫기] 단추를 클릭합니다.

 [파일] 탭에서 [끝내기]를 클릭하여 그림판을 종료할 수도 있습니다.

❺ 그림판이 종료됩니다.

마무리 학습

1 다음 중 그림을 그리거나 수정할 수 있는 프로그램은 어느 것인지 골라 보세요.
① 메모장　② 워드패드　③ 그림판　④ 스티커 메모

2 다음과 같이 도넛을 그린 다음 저장해 보세요.
- 그림 저장 : 폴더(내 PC\사진), 파일 형식(JPEG), 파일 이름(도넛)

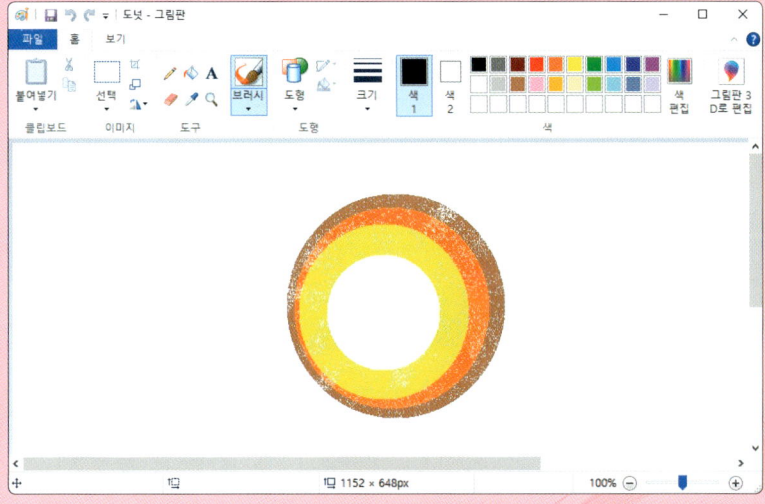

다음과 같이 나무를 그린 다음 저장해 보세요.
- 그림 저장 : 폴더(내 PC\사진), 파일 형식(JPEG), 파일 이름(나무)

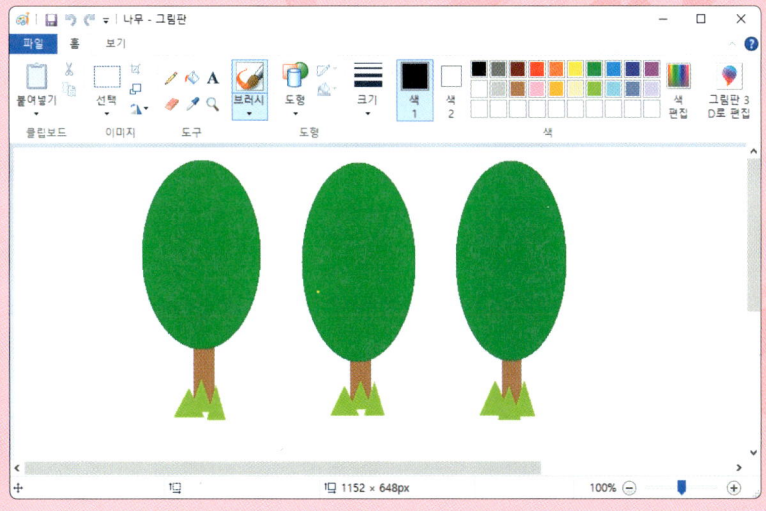

02 우주 왕복선을 타고 우주로 가요.

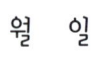 월 일

- 배경 그림을 여는 방법에 대해 알아봅니다.
- 3D 모델을 삽입하고 그림판 3D 프로젝트로 저장하는 방법에 대해 알아봅니다.

배울내용 맛보기

여러분~ 안녕! 그림판 3D에서 우주 왕복선을 꾸몄네요. 진짜 우주 왕복선이 우주에 있는 것처럼 잘 꾸몄어요. 그럼, 배경 그림을 여는 방법과 3D 모델을 삽입하고 그림판 3D 프로젝트로 저장하는 방법에 대해 알아볼까요?

배경 그림 열기

그림판 3D는 다차원 그림을 그리거나 수정할 수 있는 프로그램인데요. 그림판 3D에서도 이미지(그림이나 사진 등)를 열 수 있답니다. 그럼, 배경 그림을 여는 방법에 대해 알아볼까요?

1 그림판 3D를 실행하기 위해 [시작] 단추를 클릭한 다음 앱 뷰에서 [그림판 3D]를 클릭합니다.

> 그림판을 실행한 다음 [그림판 3D로 편집]을 클릭하여 그림판 3D를 실행할 수도 있습니다.

2 시작 화면이 나타나면 [새로 만들기]를 클릭합니다.

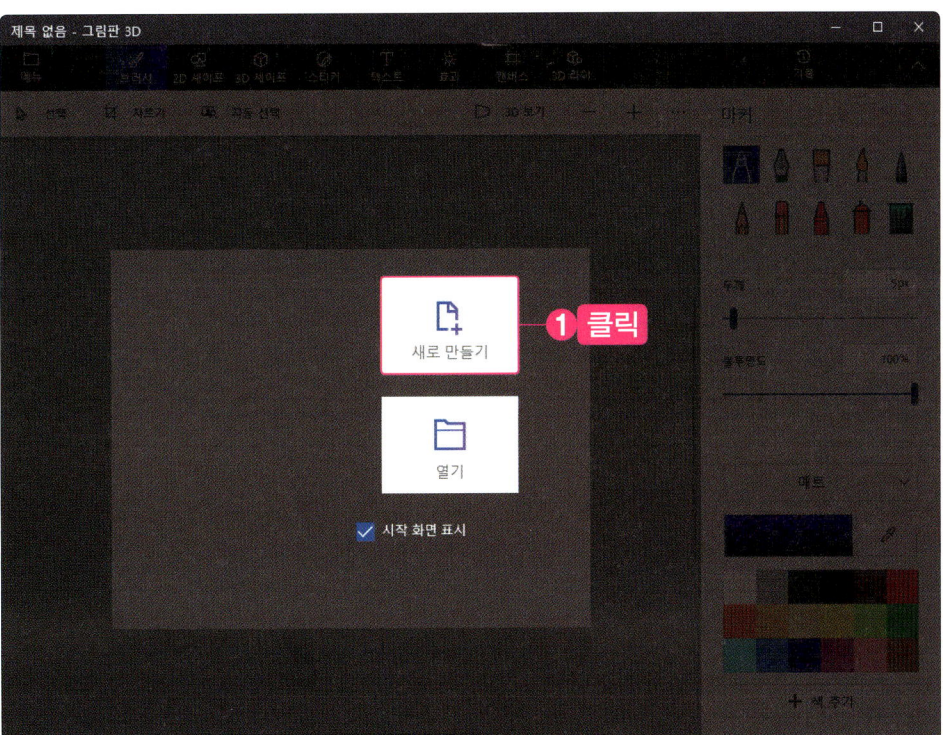

02. 우주 왕복선을 타고 우주로 가요.

3 그림판이 실행되면 배경 그림을 열기 위해 [메뉴]를 클릭한 다음 [열기]를 클릭하고 [파일 찾아보기]를 클릭합니다.

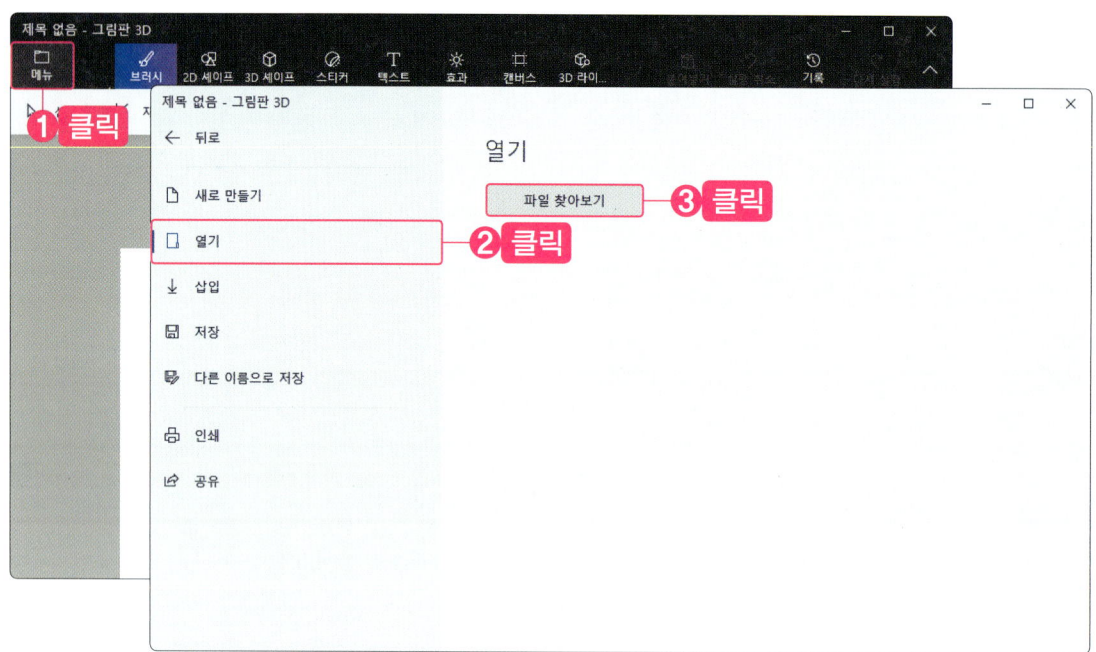

4 [열기] 대화상자가 나타나면 폴더(내 PC\바탕 화면\빵터진 컴퓨터 모험2\배경)를 선택한 다음 파일(배경1)을 선택하고 [열기] 단추를 클릭합니다.

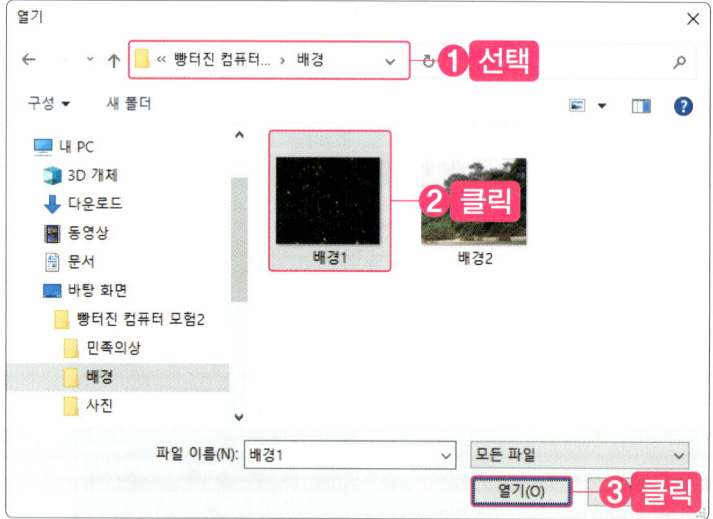

'빵터진 컴퓨터 모험2' 폴더가 없는 경우에는 '빵터진 컴퓨터 모험2' 자료를 다운로드 합니다.

5 배경 그림이 열립니다.

3D 모델 삽입하고 그림판 3D 프로젝트로 저장하기

그림판 3D는 3D 라이브러리를 제공하는데요. 3D 라이브러리를 사용하면 동물, 우주, 공룡 등과 관련된 3D 모델을 삽입할 수 있답니다. 그럼, 3D 모델을 삽입하고 그림판 3D 프로젝트로 저장하는 방법에 대해 알아볼까요?

1 3D 모델을 삽입하기 위해 [3D 라이브러리]를 클릭한 다음 [Space]를 클릭합니다.

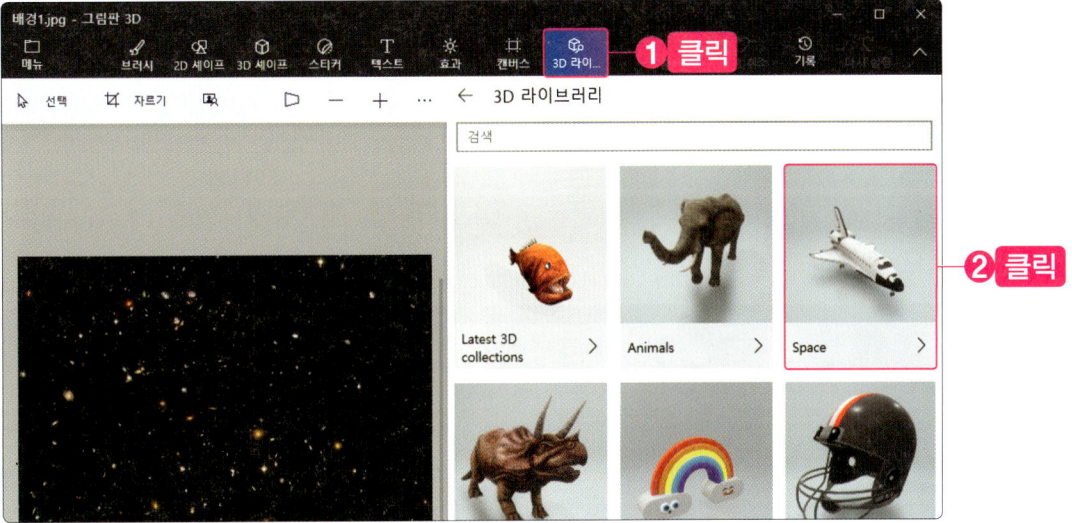

2 우주 목록이 나타나면 [Space Shuttle]을 클릭합니다.

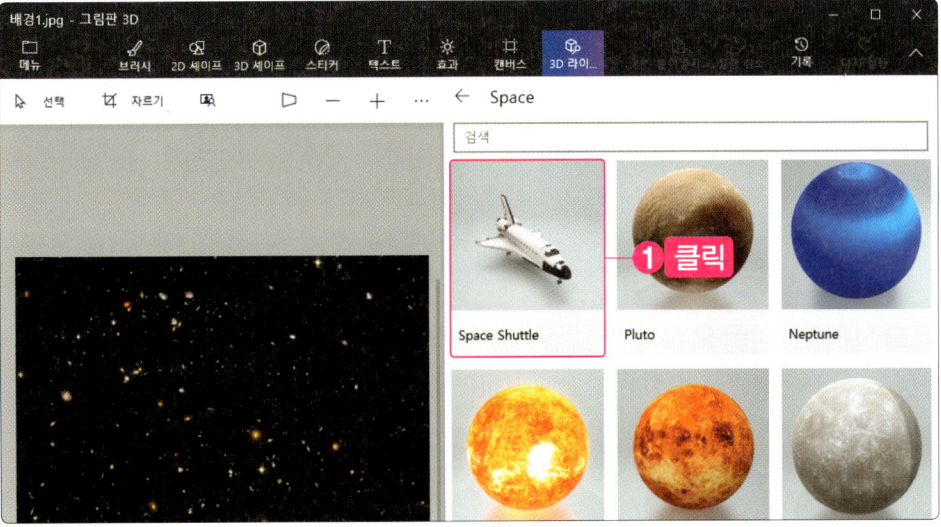

15

02. 우주 왕복선을 타고 우주로 가요.

③ 우주 왕복선이 삽입되면 우주 왕복선의 크기를 조정한 다음 우주 왕복선을 이동하기 위해 다음과 같이 우주 왕복선을 드래그합니다.

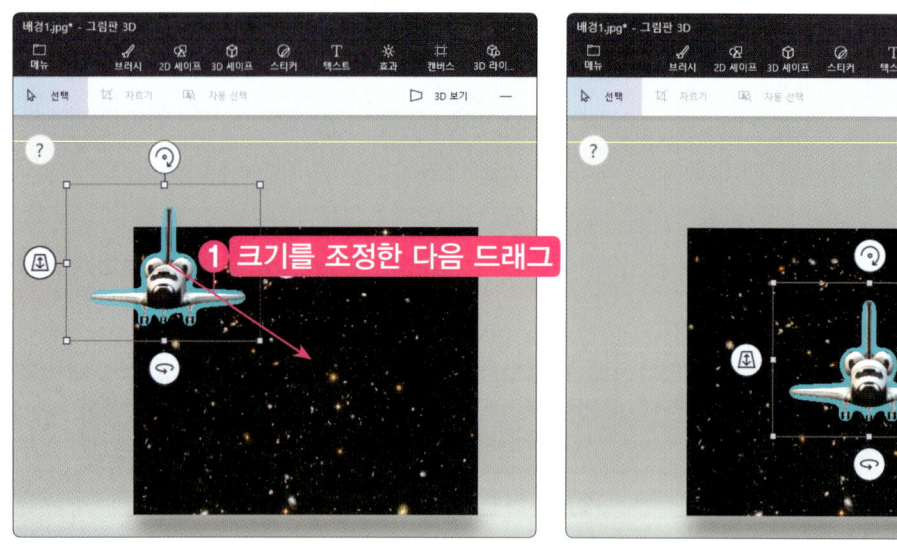

④ 우주 왕복선이 이동되면 우주 왕복선을 아래쪽으로 회전하기 위해 다음과 같이 ⓘ을 아래쪽으로 드래그합니다.

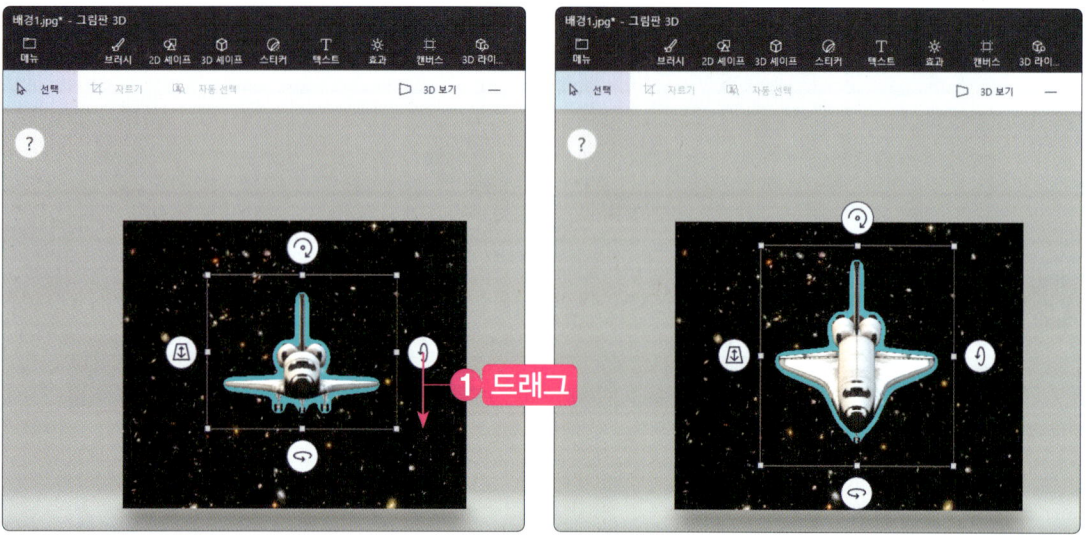

잠깐만요!

3D 모델 회전하고 앞쪽으로 가져오거나 뒤쪽으로 보내기
- ⓘ : 시계 방향이나 시계 반대 방향으로 회전합니다.
- ⓘ : 위쪽 방향이나 아래쪽 방향으로 회전합니다.
- ⓘ : 왼쪽 방향이나 오른쪽 방향으로 회전합니다.
- ⓘ : 앞쪽으로 가져오거나 뒤쪽으로 보냅니다.

5 같은 방법으로 다음과 같이 우주 왕복선을 회전합니다.

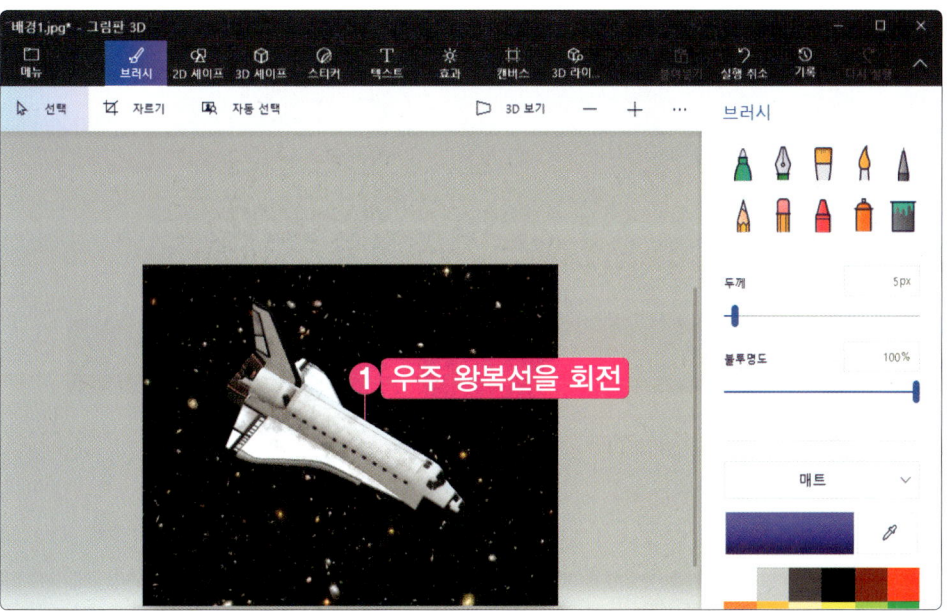

6 그림판 3D 프로젝트로 저장하기 위해 [메뉴]를 클릭한 다음 [다른 이름으로 저장]을 클릭하고 [그림판 3D 프로젝트로 저장]을 클릭합니다.

[메뉴]를 클릭한 다음 [다른 이름으로 저장]을 클릭하고 복사본으로 저장(이미지/3D 모델/비디오)하면 현재 프로젝트에 영향을 주지 않고 복사본으로 저장할 수 있습니다.

02. 우주 왕복선을 타고 우주로 가요.

⑦ [프로젝트 이름 지정] 대화상자가 나타나면 프로젝트 이름(우주 왕복선)을 입력한 다음 [그림판 3D에 저장] 단추를 클릭합니다.

⑧ 다음과 같이 그림판 3D 프로젝트로 저장됩니다.

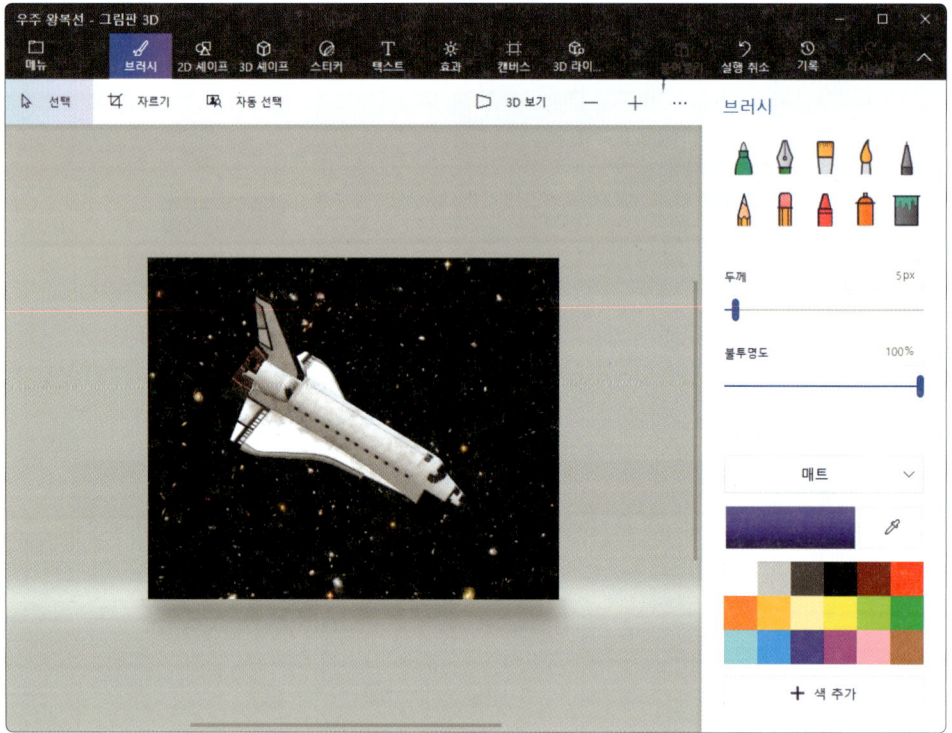

마무리 학습

1 다음과 같이 배경 그림을 열어 보세요.
- 배경 그림 열기 : 폴더(내 PC\바탕 화면\빵터진 컴퓨터 모험2\배경), 파일(배경2)

2 다음과 같이 3D 모델을 삽입한 다음 그림판 3D 프로젝트로 저장해 보세요.
- 3D 모델 삽입 : 3D 모델(Dinosaurs\Apatosaurus)
- 그림판 3D 프로젝트로 저장 : 프로젝트 이름(어파토사우루스)

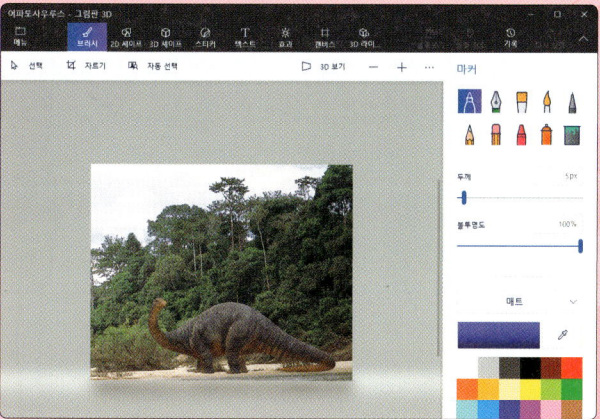

'우주'라는 말을 들었을 때 생각나는 것을 적어 보세요.

(예) 외계인

03 자, 여기를 보세요. 찰칵~

월 일

- 캡처 도구를 사용하여 화면을 캡처하는 방법에 대해 알아봅니다.
- 캡처한 화면을 수정하고 저장하는 방법에 대해 알아봅니다.

배울내용 맛보기

내가 어제 신기한 악기를 찾았는데... 너희들 보여주려고 캡처해 왔지~

이것이 악기야? 망치하고 회초리 같은데~

울림통도 있고~ 활도 있고~ 해금 아니니?

여러분~ 안녕! 하리가 캡처해 온 것은 태국 악기인 소두앙인데요. 소두앙은 우리나라 악기인 해금과 비슷한 악기랍니다. 그럼, 캡처 도구를 사용하여 화면을 캡처하는 방법과 캡처한 화면을 수정하고 저장하는 방법에 대해 알아볼까요?

캡처 도구 사용하여 화면 캡처하기

사진을 찍듯이 화면을 찍는 것을 '캡처'라고 하는데요. 캡처 도구를 사용하면 화면을 캡처할 수 있답니다. 그럼, 캡처 도구를 사용하여 화면을 캡처하는 방법에 대해 알아볼까요?

1 엣지를 실행한 다음 네이버 사이트(www.naver.com)에 접속합니다.

2 네이버 홈 페이지가 나타나면 [검색어 입력]에 '소두앙'을 입력한 다음 [검색] 단추를 클릭합니다.

3 '소두앙'에 대한 검색 결과가 나타나면 [지식백과]에서 [소두앙]을 클릭합니다.

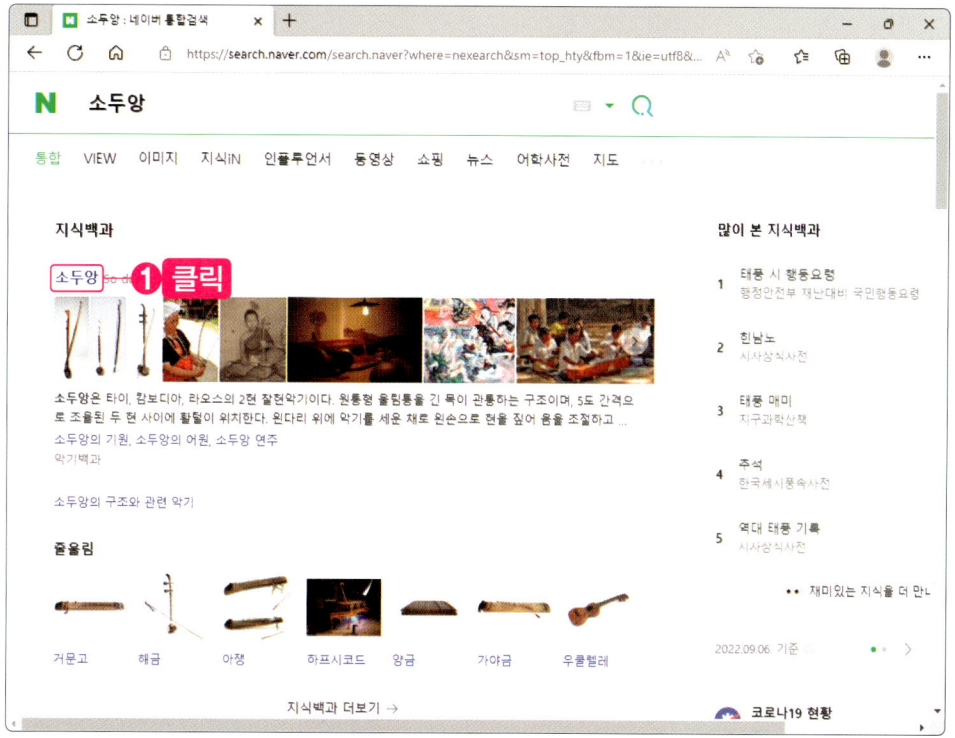

4 소두앙 페이지가 나타나면 캡처 도구를 실행하기 위해 [시작] 단추를 클릭한 다음 앱 뷰에서 [Windows 보조프로그램]을 클릭하고 [캡처 도구]를 클릭합니다.

03. 자, 여기를 보세요. 찰칵~

5 캡처 도구가 실행되면 [모드]를 클릭한 다음 [사각형 캡처]를 클릭합니다.

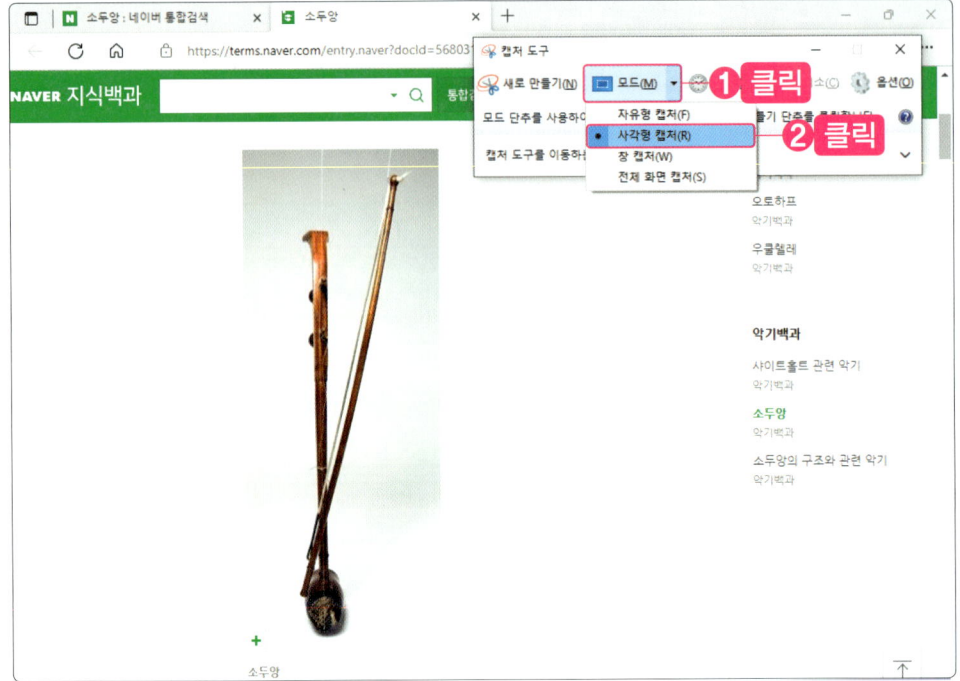

6 화면이 흐려지고 마우스 포인터가 ✢ 모양으로 변경되면 다음과 같이 드래그하여 화면을 캡처합니다.

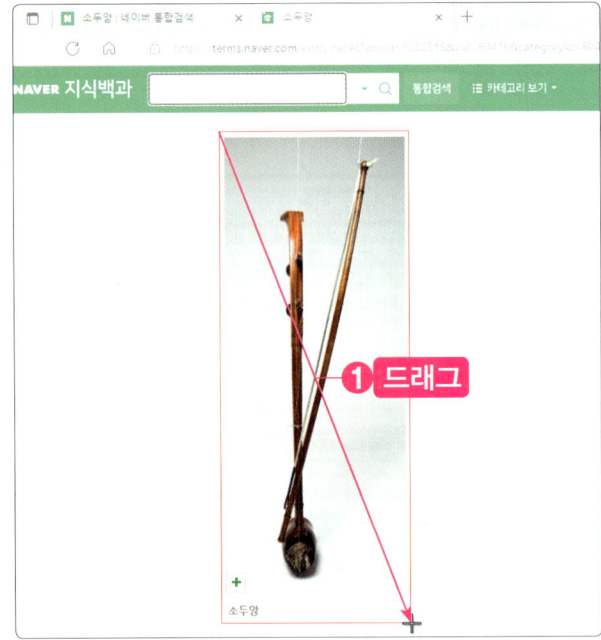

7 화면이 캡처됩니다.

도구 모음에서 [새로 만들기]를 클릭하면 화면을 새로 캡처할 수 있습니다.

캡처한 화면 수정하고 저장하기

캡처 도구는 펜, 형광펜, 지우개 등의 도구를 제공하는데요. 펜은 주요 내용을 펜으로 표시하는 것처럼, 형광펜은 주요 내용을 형광펜으로 표시하는 것처럼 표시할 수 있는 도구랍니다. 그럼, 캡처한 화면을 수정하고 저장하는 방법에 대해 알아볼까요?

1 형광펜으로 악기의 이름을 표시하기 위해 도구 모음에서 ✏[형광펜]을 클릭한 다음 마우스 포인터가 ▌모양으로 변경되면 다음과 같이 악기의 이름을 드래그합니다.

2 캡처한 화면을 저장하기 위해 도구 모음에서 💾[캡처 저장]을 클릭합니다.

[파일] 탭에서 [다른 이름으로 저장]을 클릭하거나 Ctrl+S를 눌러 캡처한 화면을 저장할 수도 있습니다.

03. 자, 여기를 보세요. 찰칵~

❸ [다른 이름으로 저장] 대화상자가 나타나면 폴더(내 PC\사진)를 선택한 다음 파일 이름(소두앙)을 입력하고 [저장] 단추를 클릭합니다.

❹ 캡처한 화면이 저장되면 캡처 도구를 종료하기 위해 ☒[닫기] 단추를 클릭합니다.

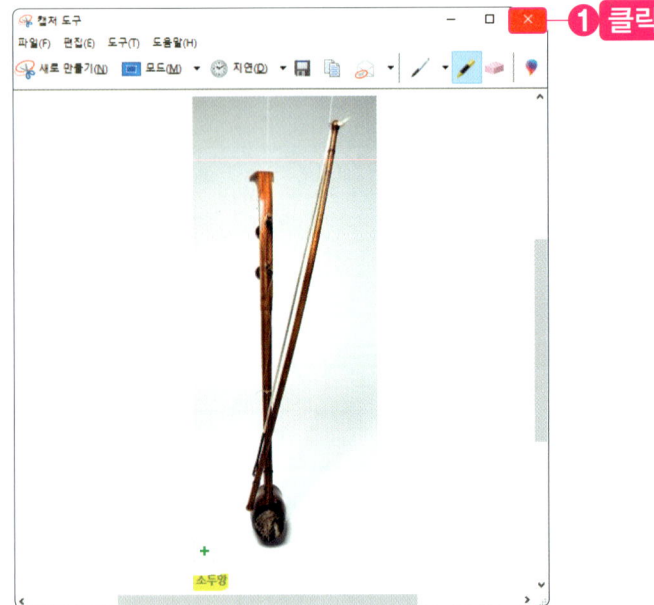

[파일] 탭에서 [끝내기]를 클릭하여 캡처 도구를 종료할 수도 있습니다.

❺ 캡처 도구가 종료됩니다.

마무리 학습

1 다음과 같이 네이버 사이트(www.naver.com)에서 '해금'을 검색한 다음 캡처 도구를 사용하여 화면을 캡처해 보세요.

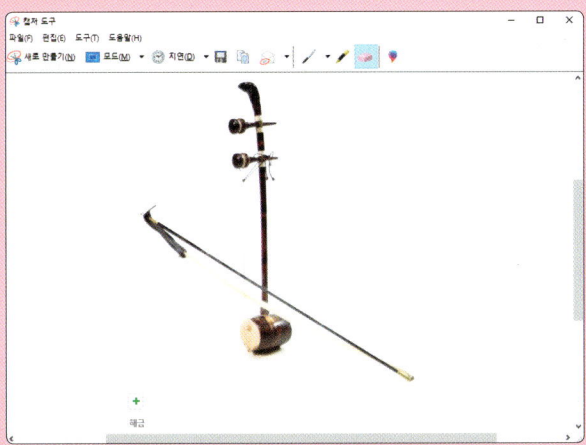

2 다음과 같이 형광펜으로 악기의 이름을 표시한 다음 캡처한 화면을 저장해 보세요.

• 캡처한 화면 저장 : 폴더(내 PC\사진), 파일 이름(해금)

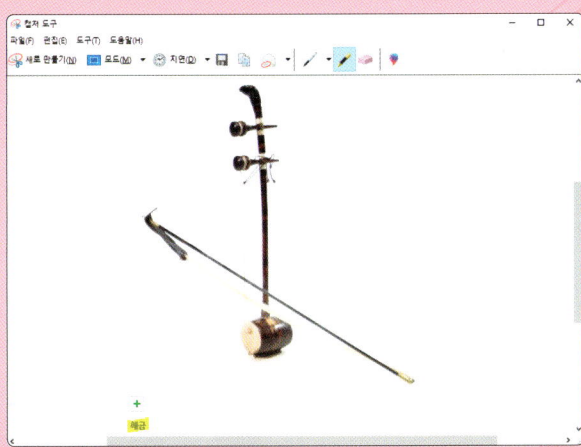

해금과 비슷한 악기에는 어떤 악기가 있는지 알아보고 적어 보세요.

(예) 얼후(중국), 고큐(일본)

04 울릉도 동남쪽 뱃길 따라 200리~

월 일

- 사진으로 이미지를 가져오는 방법에 대해 알아봅니다.
- 이미지를 회전/대칭 이동하고 필터를 지정하는 방법에 대해 알아봅니다.

배울내용 맛보기

여러분~ 안녕! 멋진 독도 사진이네요. 독도는 소중한 우리 영토예요. 잊으면 안 된답니다. 그럼, 사진으로 이미지를 가져오는 방법과 이미지를 회전/대칭 이동하고 필터를 지정하는 방법에 대해 알아볼까요?

사진으로 이미지 가져오기

사진은 이미지를 관리하거나 수정할 수 있는 프로그램인데요. 사진을 사용하려면 먼저 사진으로 이미지를 가져와야 한답니다. 그럼, 사진으로 이미지를 가져오는 방법에 대해 알아볼까요?

1 사진을 실행하기 위해 ▦[시작] 단추를 클릭한 다음 앱 뷰에서 [사진]을 클릭합니다.

2 사진이 실행되면 사진으로 이미지를 가져오기 위해 …[자세히 보기]를 클릭한 다음 [설정]을 클릭합니다.

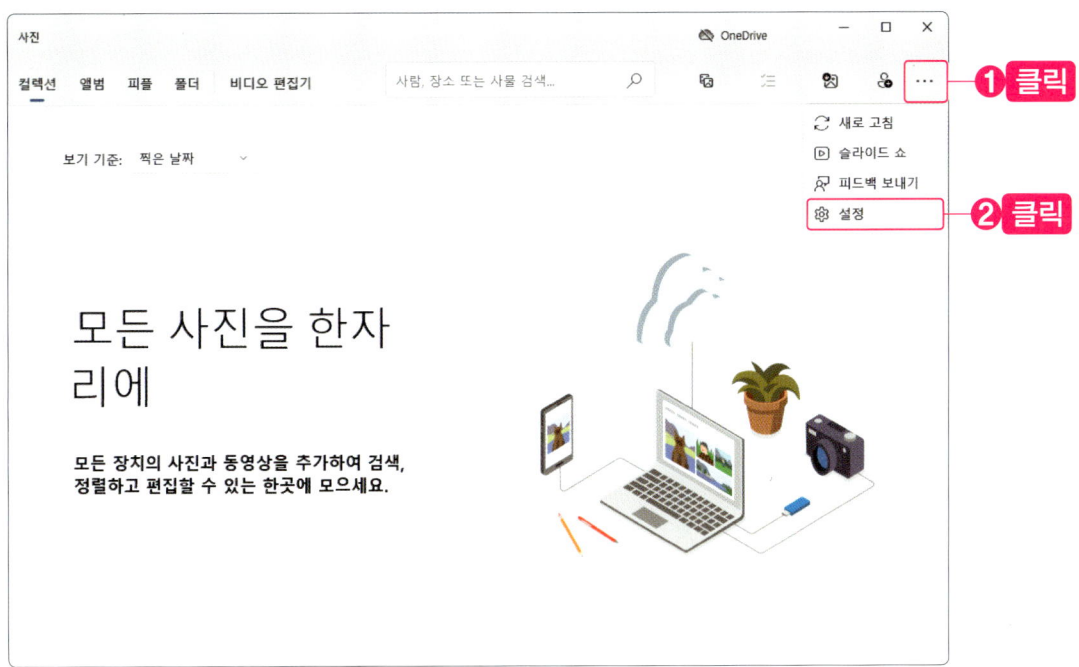

❸ 설정 화면이 나타나면 [폴더 추가]를 클릭합니다.

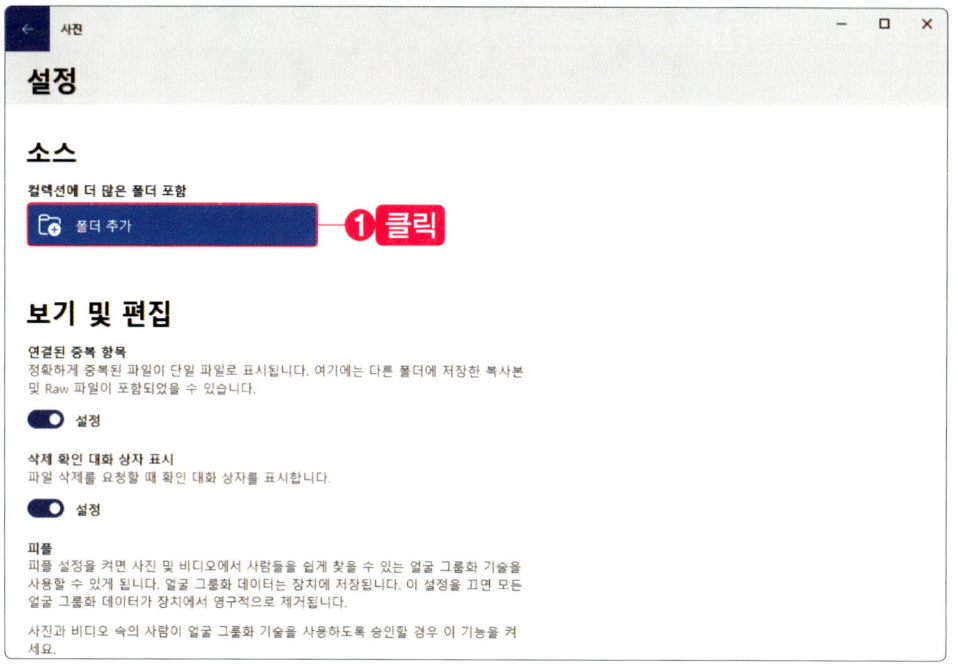

❹ [폴더 선택] 대화상자가 나타나면 폴더(내 PC\바탕 화면\빵터진 컴퓨터 모험2\사진)를 선택한 다음 [이 폴더를 사진에 추가] 단추를 클릭합니다.

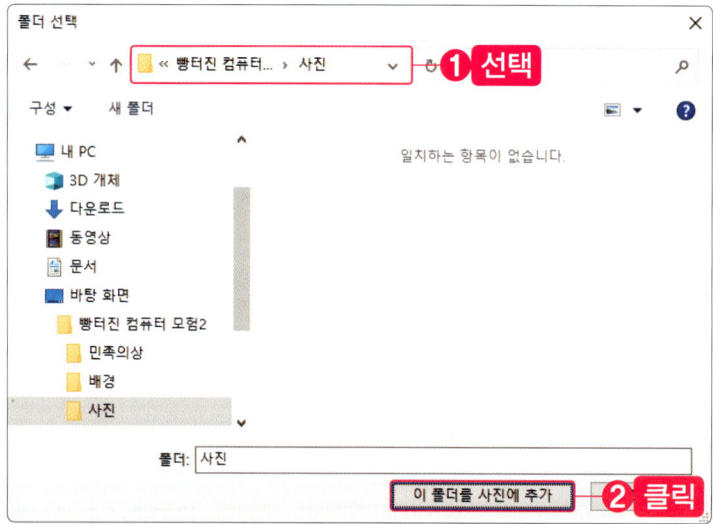

'빵터진 컴퓨터 모험2' 폴더가 없는 경우에는 '빵터진 컴퓨터 모험2' 자료를 다운로드 합니다.

5 설정 화면이 다시 나타나면 [뒤로]를 클릭합니다.

 폴더의 ×을 클릭하면 폴더를 제거할 수 있습니다.

6 다음과 같이 사진으로 이미지가 가져와집니다.

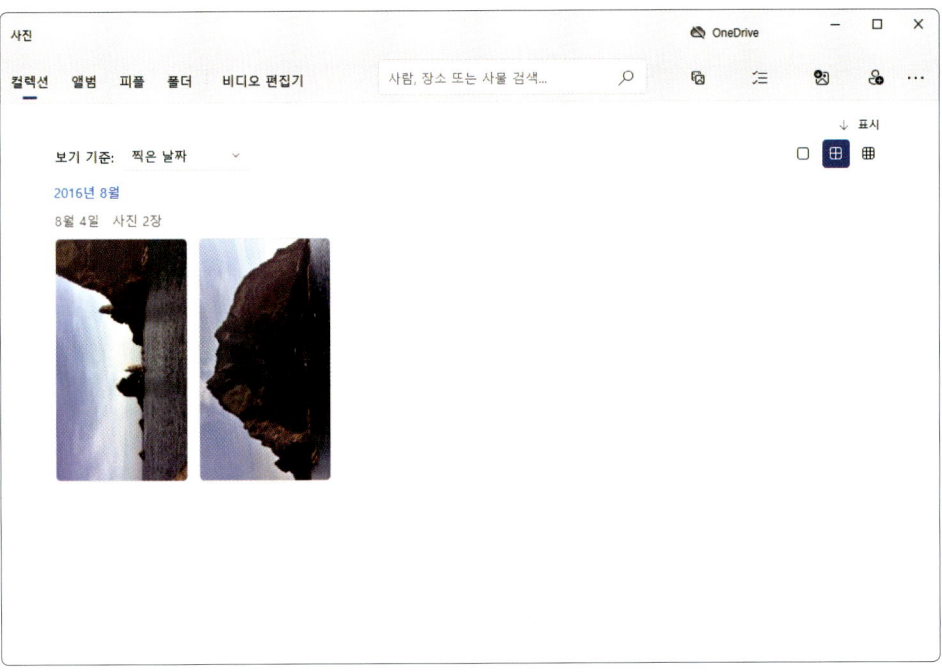

04. 울릉도 동남쪽 뱃길 따라 200리~

이미지 회전/대칭 이동하고 필터 지정하기

필터는 이미지를 변형시켜 효과를 줄 수 있는 기능인데요. 필터를 지정하면 이미지를 멋있게 꾸밀 수 있답니다. 그럼, 이미지를 회전/대칭 이동하고 필터를 지정하는 방법에 대해 알아볼까요?

① 사진의 컬렉션 화면에서 '독도1' 이미지를 클릭합니다.

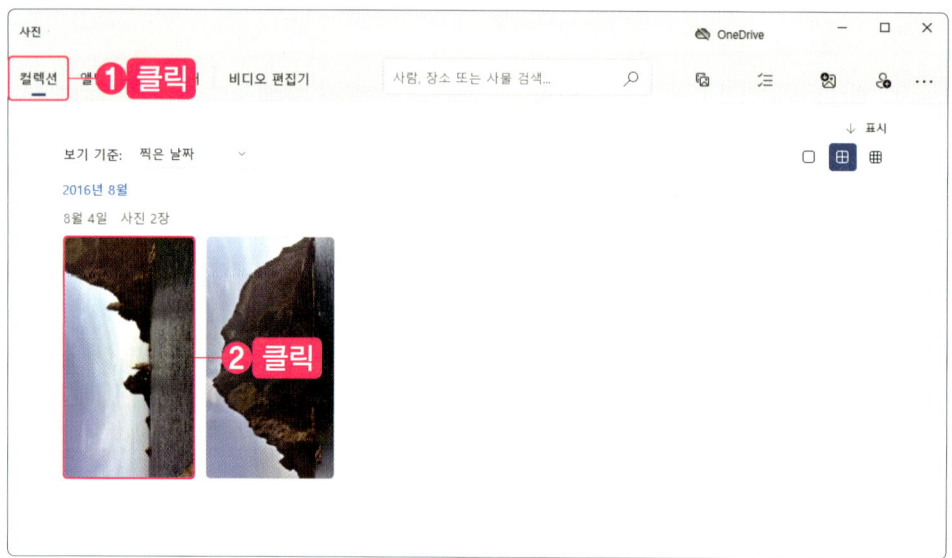

② 사진 보기 창이 나타나면 [이미지 편집]을 클릭합니다.

③ 이미지 편집 창이 나타나면 이미지를 회전/대칭 이동하기 위해 [자르기 및 회전]을 클릭한 다음 [회전]을 클릭하고 [대칭 이동]을 클릭합니다.

 [회전]은 클릭할 때마다 이미지가 시계 방향으로 90°씩 회전합니다.

④ 이미지가 회전/대칭 이동되면 필터를 지정하기 위해 [필터]를 클릭한 다음 [네오]을 클릭합니다.

31

04. 울릉도 동남쪽 뱃길 따라 200리~

5 필터가 지정되면 수정된 '독도1' 이미지를 새 이미지로 저장하기 위해 [복사본 저장] 단추를 클릭합니다.

6 복사본 저장을 한 다음 사진 보기 창이 다시 나타나면 [뒤로]를 클릭합니다.

7 다음과 같이 사진의 컬렉션 화면이 다시 나타나면 수정된 '독도1' 이미지가 새 이미지로 저장(복사본 저장)된 것을 확인할 수 있습니다.

마무리 학습

1 다음과 같이 '독도2' 이미지를 수정해 보세요.
- 이미지 수정 : 시계 방향으로 90° 회전, 대칭 이동, 필터(지크)

2 다음과 같이 수정된 '독도2' 이미지를 새 이미지로 저장(복사본 저장)해 보세요.

독도의 날은 언제인지 알아보고 적어 보세요.

05 나비와 나방은 차이점이 있어요.

월 일

- 워드패드에서 문서를 작성하는 방법에 대해 알아봅니다.
- 글자 모양을 지정하고 저장하는 방법에 대해 알아봅니다.

배울내용 맛보기

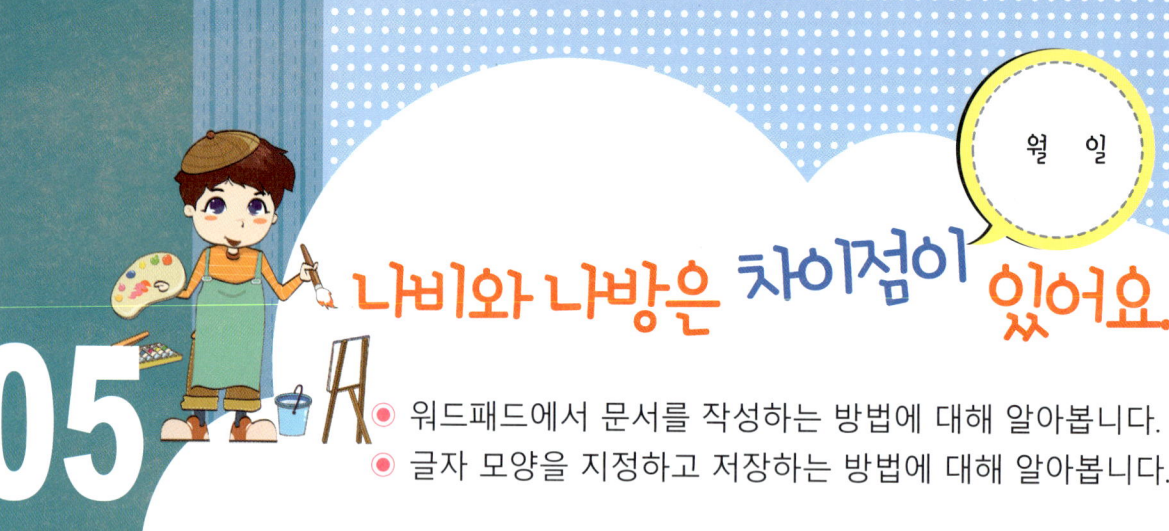

여러분~ 안녕! 워드패드에서 조사한 것을 작성했네요. 나비와 나방의 차이점을 조사하는 것이 어려웠을 텐데 잘 작성했어요. 그럼, 워드패드에서 문서를 작성하는 방법과 글자 모양을 지정하고 저장하는 방법에 대해 알아볼까요?

워드패드에서 문서 작성하기

윈도우 10에서 제공하는 보조프로그램에는 워드패드, 그림판, 캡처 도구 등이 있는데요. 워드패드는 문서를 작성하거나 수정할 수 있는 프로그램이랍니다. 그럼, 워드패드에서 문서를 작성하는 방법에 대해 알아볼까요?

1 워드패드를 실행하기 위해 ⊞[시작] 단추를 클릭한 다음 앱 뷰에서 [Windows 보조프로그램]을 클릭하고 [워드패드]를 클릭합니다.

2 워드패드가 실행되면 다음과 같이 문서를 작성합니다.

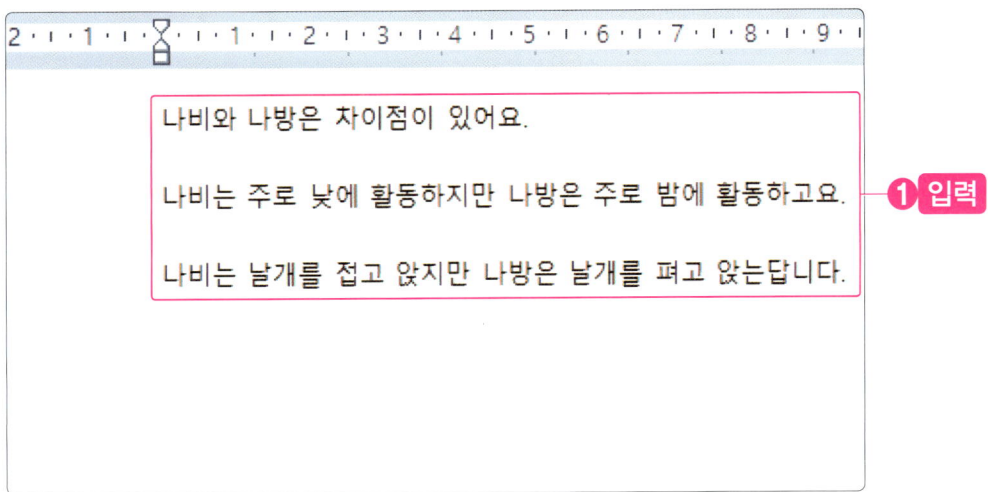

한 칸을 띄울 때는 SpaceBar 를 누르고, 줄을 바꿀 때는 Enter 를 누릅니다.

05. 나비와 나방은 차이점이 있어요.

글자 모양 지정하고 저장하기

글꼴 패밀리, 글꼴 크기, 텍스트 색 등은 글자 모양을 지정할 수 있는 기능인데요. 글자 모양을 지정하면 문서를 예쁘게 꾸밀 수 있답니다. 그럼, 글자 모양을 지정하고 저장하는 방법에 대해 알아볼까요?

1 글자 모양을 지정하기 위해 제목을 드래그하여 선택한 다음 [홈] 탭-[글꼴] 그룹에서 글꼴 패밀리(휴먼편지체), 글꼴 크기(16), 텍스트 색(생생한 파랑)을 선택합니다.

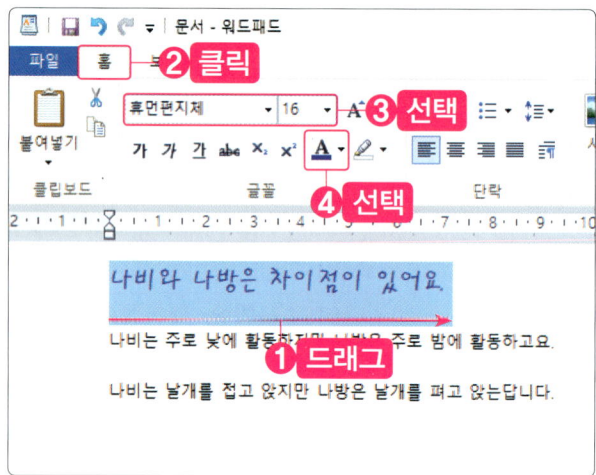

2 문서를 저장하기 위해 [파일] 탭에서 [저장]을 클릭합니다.

 빠른 실행 도구 모음에서 📄[저장]을 클릭하거나 Ctrl+S를 눌러 문서를 저장할 수도 있습니다.

3 [다른 이름으로 저장] 대화상자가 나타나면 폴더(내 PC\문서)를 선택한 다음 파일 이름(나비와 나방)을 입력하고 [저장] 단추를 클릭합니다.

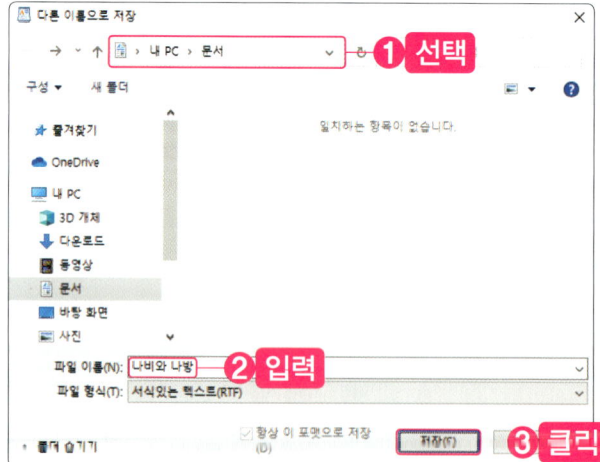

④ 문서가 저장되면 워드패드를 종료하기 위해 ×[닫기] 단추를 클릭합니다.

[파일] 탭에서 [끝내기]를 클릭하여 워드패드를 종료할 수도 있습니다.

⑤ 워드패드가 종료됩니다.

마무리 학습

1 다음 중 문서를 작성하거나 수정할 수 있는 프로그램은 어느 것인지 골라 보세요.
① 메모장   ② 워드패드   ③ 그림판   ④ 스티커 메모

2 다음과 같이 문서를 작성한 다음 저장해 보세요.
- 제목에 글자 모양 지정 : 글꼴 패밀리(휴먼아미체), 글꼴 크기(20), 텍스트 색 (생생한 자주)
- 문서 저장 : 폴더(내 PC\문서), 파일 이름(거미)

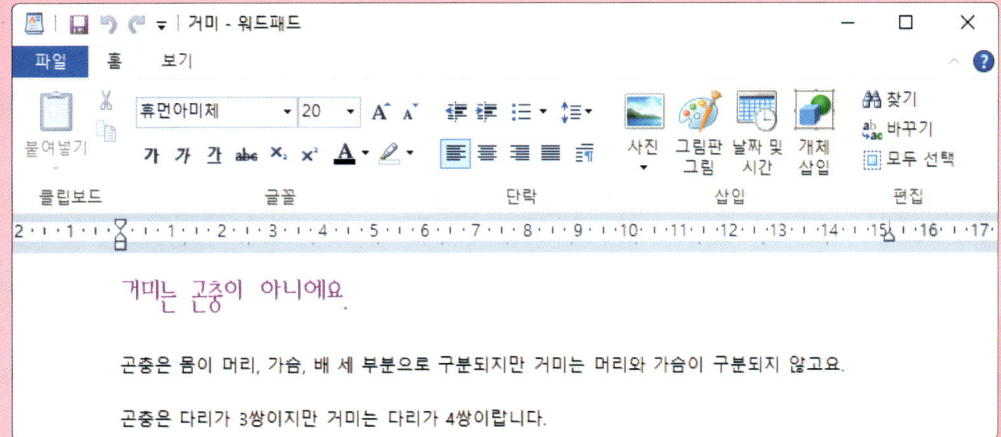

가족에게 문서를 작성하실 때 주로 사용하시는 프로그램은 무엇인지 여쭈어 보고 적어 보세요.

(예) 아빠 : 한글

06 약속을 잊으면 안 돼.

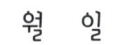 월 일

- 스티커 메모에서 메모를 작성하는 방법에 대해 알아봅니다.
- 스티커 메모의 색을 변경하고 스티커 메모를 삭제하는 방법에 대해 알아봅니다.

배울내용 맛보기

 여러분~ 안녕! 약속, 생일, 숙제 등은 잊어버리지 않도록 메모해 두는 것이 좋은데요. 여러분은 어디에 메모해 두나요? 그럼, 스티커 메모에서 메모를 작성하는 방법과 스티커 메모의 색을 변경하고 스티커 메모를 삭제하는 방법에 대해 알아볼까요?

스티커 메모에서 메모 작성하기

스티커 메모는 메모를 작성하거나 수정할 수 있는 프로그램인데요. 마치 포스트잇과 같은 역할을 하는 프로그램이랍니다. 그럼, 스티커 메모에서 메모를 작성하는 방법에 대해 알아볼까요?

① 스티커 메모를 실행하기 위해 ⊞[시작] 단추를 클릭한 다음 앱 뷰에서 [스티커 메모]를 클릭합니다.

② 스티커 메모가 실행되면 다음과 같이 메모를 작성합니다.

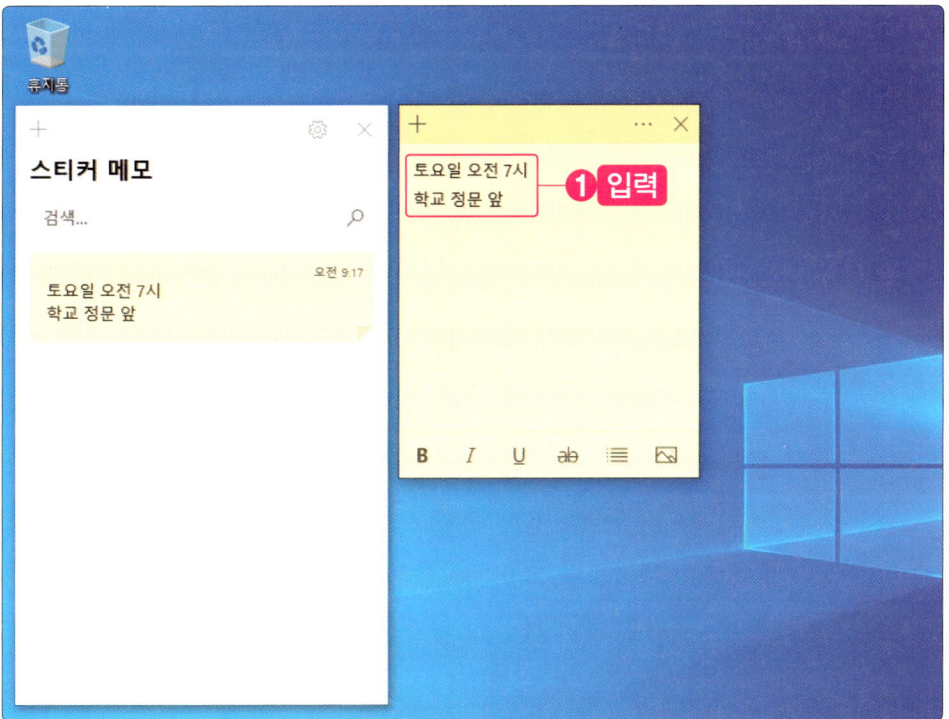

- 스티커 메모가 실행되면 노트 목록과 스티커 메모가 나타나는데요. 스티커 메모에서 메모를 작성하면 노트 목록에도 작성한 메모가 나타납니다.
- 노트 목록에서 ╋[새 메모]를 클릭하거나 스티커 메모에서 ╋[새 메모]를 클릭하면 새 스티커 메모를 만들 수 있습니다.

06. 약속을 잊으면 안 돼.

스티커 메모의 색 변경하고 스티커 메모 삭제하기

스티커 메모의 색은 변경할 수 있는데요. 메모를 스티커 메모의 색으로 약속은 분홍색, 생일은 자주색, 숙제는 녹색 등과 같이 분류해 두면 조금 더 쉽고 빠르게 찾을 수 있답니다. 그럼, 스티커 메모의 색을 변경하고 스티커 메모를 삭제하는 방법에 대해 알아볼까요?

1 스티커 메모의 색을 변경하기 위해 ⋯[메뉴]를 클릭한 다음 ■[분홍]을 클릭합니다.

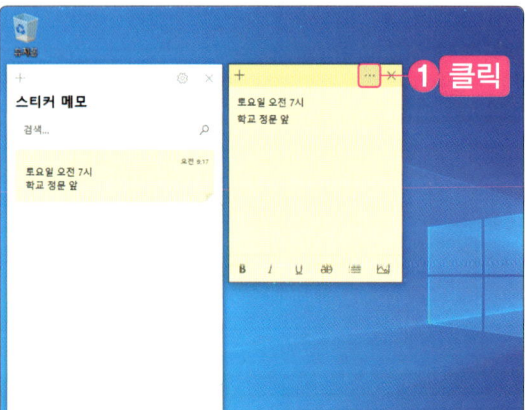 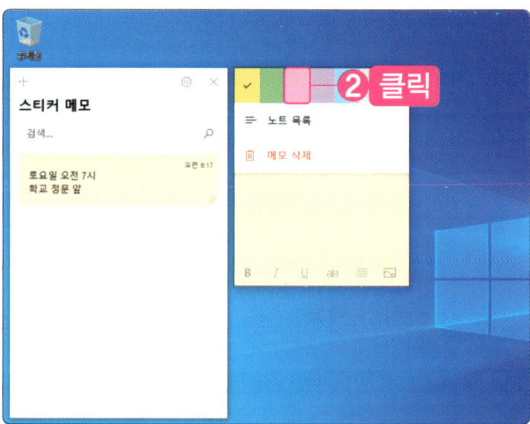

⋯[메뉴]는 스티커 메모를 선택하면 나타나고, 스티커 메모를 선택 해제하면 숨겨집니다.

2 스티커 메모의 색이 변경되면 스티커 메모를 삭제하기 위해 ⋯[메뉴]를 클릭한 다음 [메모 삭제]를 클릭합니다.

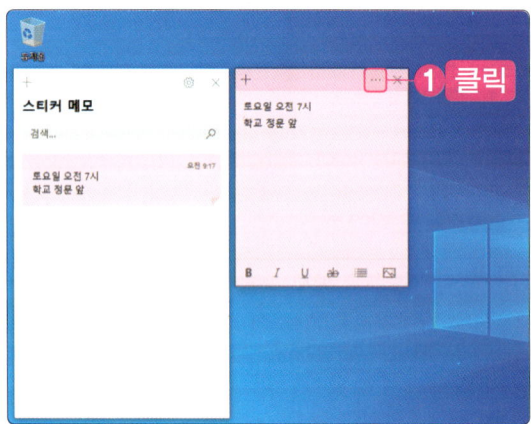 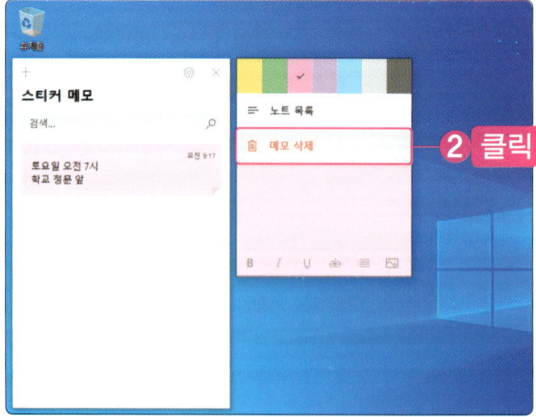

③ '이 메모를 삭제하시겠습니까?'라고 묻는 대화상자가 나타나면 [삭제] 단추를 클릭합니다.

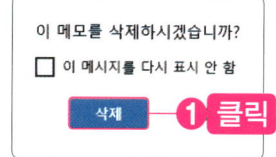

④ 스티커 메모가 삭제됩니다.

스티커 메모는 삭제하지 않으면 컴퓨터를 다시 시작해도 나타나므로 언제든지 메모를 확인할 수 있습니다.

마무리 학습

1. 다음 중 메모를 작성하거나 수정할 수 있는 프로그램은 어느 것인지 골라 보세요.
   ① 메모장   ② 워드패드   ③ 그림판   ④ 스티커 메모

2. 다음과 같이 메모를 작성한 다음 스티커 메모를 삭제해 보세요.
   • 메모 작성 : 스티커 메모의 색(자주)

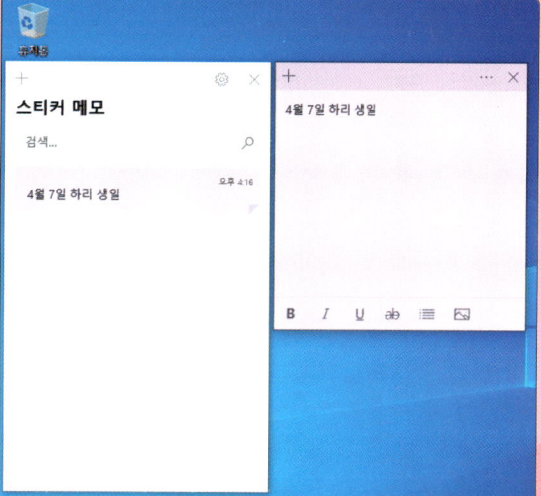

자신은 약속, 생일, 숙제 등을 잊어버리지 않기 위해 어디에 메모해 두는지 적어 보세요.

(예) 공책

07 우리, 세계여행 가자~

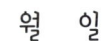
월 일

- 지도에서 3D로 나폴리를 보는 방법에 대해 알아봅니다.
- 에펠탑 주변 길거리를 보는 방법에 대해 알아봅니다.

배울내용 맛보기

여기는 내가 가고 싶은 곳인데... 어디인지 아니?

건물들이 모양도 비슷하고 색깔도 비슷하네~ 우리나라는 아닌 것 같은데... 어디니?

와~ 멋있는 곳이네~ 바다도 있고~

여러분~ 안녕! 쏘피가 가고 싶은 곳은 나폴리인가 봐요. 여러분은 가고 싶은 곳이 있나요? 지도를 사용하면 여러분이 가고 싶은 곳이 어떤 곳인지 직접 간 것처럼 볼 수 있답니다. 그럼, 지도에서 3D로 나폴리를 보는 방법과 에펠탑 주변 길거리를 보는 방법에 대해 알아볼까요?

지도에서 3D로 나폴리 보기

지도에는 3D 도시 기능이 있는데요. 3D 도시는 나폴리, 뮌헨, 베니스 등의 도시를 입체적으로 볼 수 있는 기능이랍니다. 그럼, 지도에서 3D로 나폴리를 보는 방법에 대해 알아볼까요?

1 지도를 실행하기 위해 ■[시작] 단추를 클릭한 다음 앱 뷰에서 [지도]를 클릭합니다.

2 지도가 실행되면 3D로 나폴리를 보기 위해 …[자세히 보기]를 클릭한 다음 [3D 도시]를 클릭합니다.

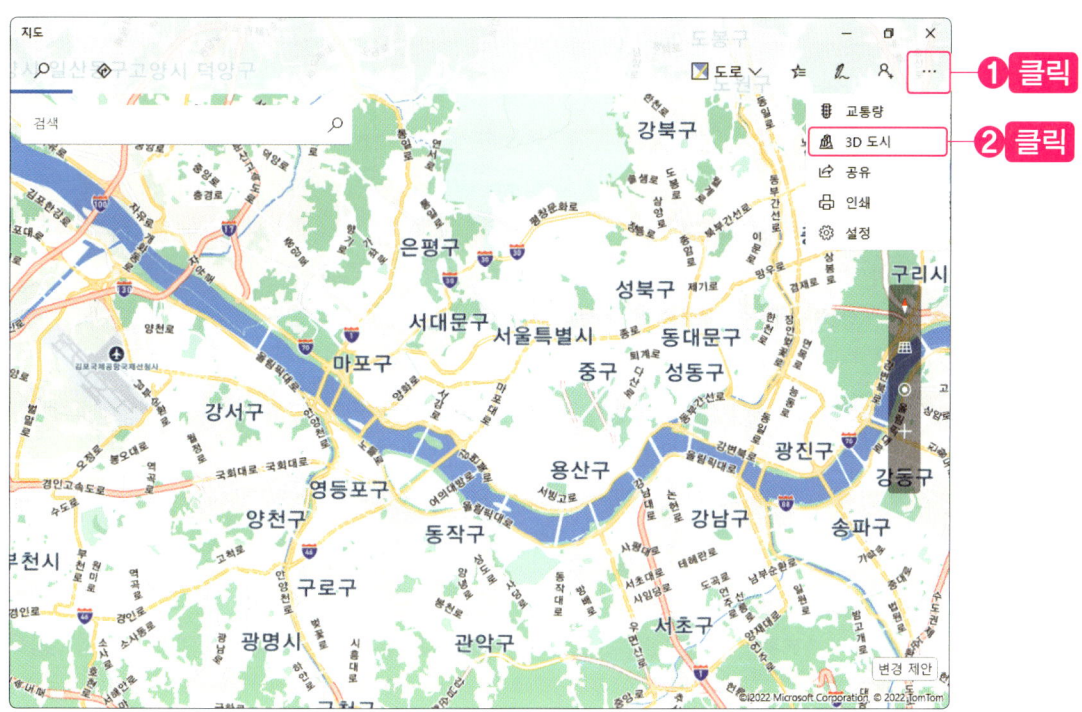

07. 우리, 세계여행 가자~

3 3D 도시가 나타나면 [나폴리]를 클릭합니다.

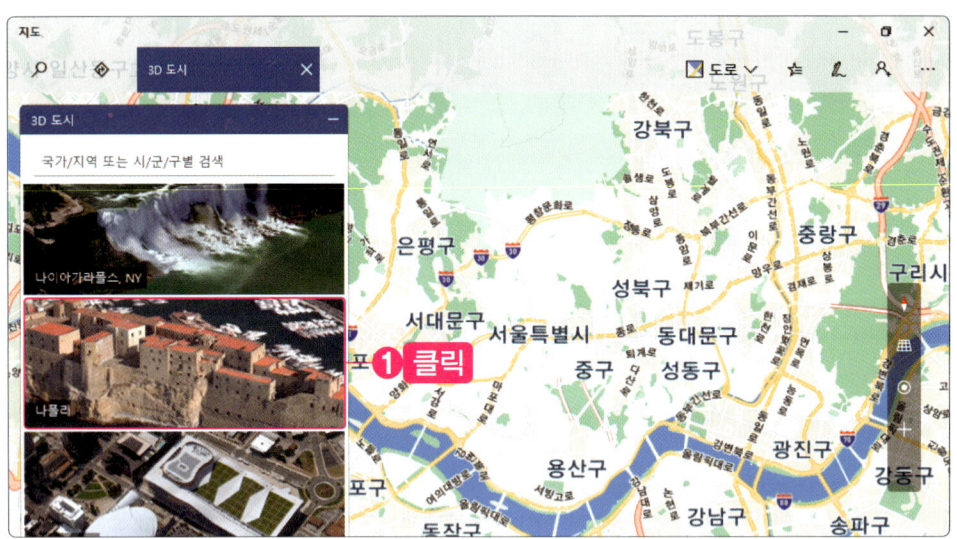

4 다음과 같이 3D로 나폴리를 볼 수 있습니다.

잠깐만요!

지도 보기
- 확대하기 : Ctrl+[+]를 누르거나 마우스 휠을 위로 굴립니다.
- 축소하기 : Ctrl+[-]를 누르거나 마우스 휠을 아래로 굴립니다.
- 이동하기 : 마우스 왼쪽 단추를 누른 상태에서 지도를 드래그합니다.
- 회전하기 : 마우스 오른쪽 단추를 누른 상태에서 지도를 드래그합니다.
- 아래로 기울이기 : Ctrl+[↓]를 누릅니다.
- 위로 기울이기 : Ctrl+[↑]를 누릅니다.

에펠탑 주변 길거리 보기

지도에는 Streetside 기능이 있는데요. Streetside는 주변 길거리를 입체적으로 볼 수 있는 기능이랍니다. 그럼, 에펠탑 주변 길거리를 보는 방법에 대해 알아볼까요?

1. 지도의 초기 화면에서 [검색]을 클릭한 다음 [검색]에 '에펠탑'을 입력하고 '에펠탑'에 대한 검색 결과가 나타나면 [에펠탑]을 클릭합니다.

2. 에펠탑이 나타나면 위성 [지도 보기]를 클릭한 다음 Streetside(켬)를 지정하고 지도 보기를 숨기기 위해 제목 표시줄을 클릭합니다.

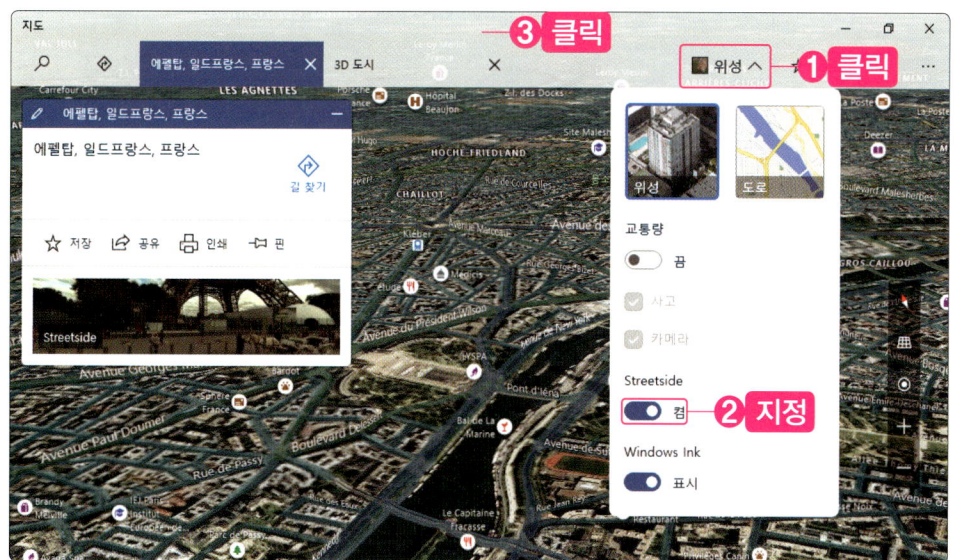

45

07. 우리, 세계여행 가자~

③ 지도 보기가 숨겨지면 에펠탑 주변 길거리를 클릭합니다.

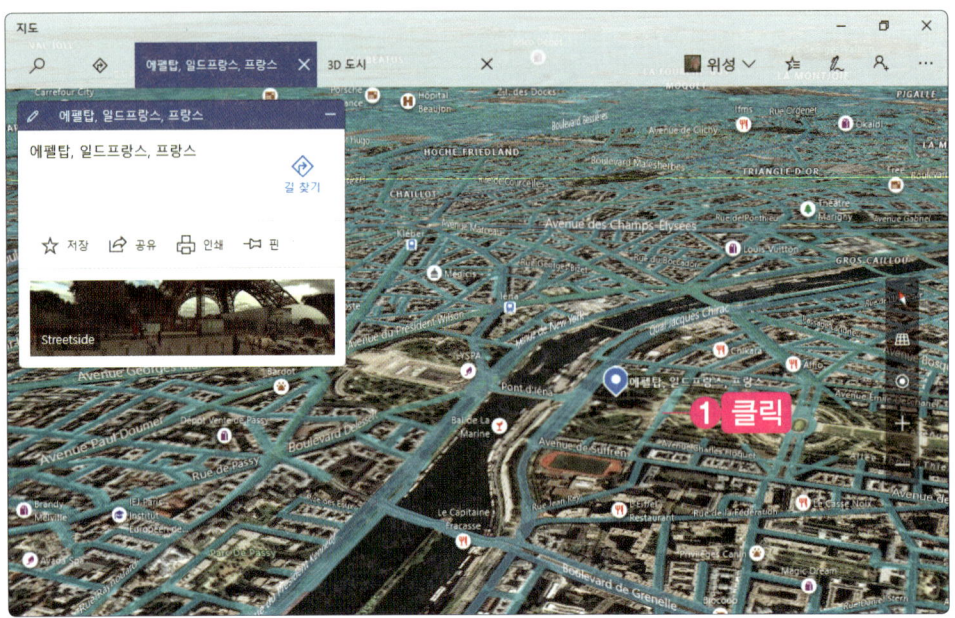

④ 지도의 길거리 화면이 나타나면 에펠탑 주변 길거리를 본 다음 ⓧ[Streetside 끝내기]를 클릭합니다.

 길거리를 클릭하면 클릭한 길거리로 이동합니다.

⑤ 지도의 초기 화면이 나타납니다.

마무리 학습

1 다음과 같이 3D로 로마를 봐 보세요.

2 다음과 같이 센트럴 파크 주변 길거리를 봐 보세요.

자신이 가고 싶은 곳은 어디인지 적어 보세요.

(예) 런던

08 하리와 디지털 화가되기

디지털 화가가 된 하리가 디지털 미술전을 열려고 해요. 하리가 디지털 미술전을 열려면 출품할 그림을 그린 다음 홍보를 위해 포스터를 만들고 관람객을 위해 간식을 준비해야 하는데요. 하리가 디지털 미술전을 열 수 있도록 여러분이 도와주세요.

1. 하리가 출품할 그림을 그리고 있어요. 그런데 마지막 그림 한 점은 무엇을 그려야 할지 고민이 된다고 하네요. 여러분이 그림판에서 무당벌레를 그려 주세요. 그러면 하리가 출품할 그림을 그리는 데 많은 도움이 될 거예요.

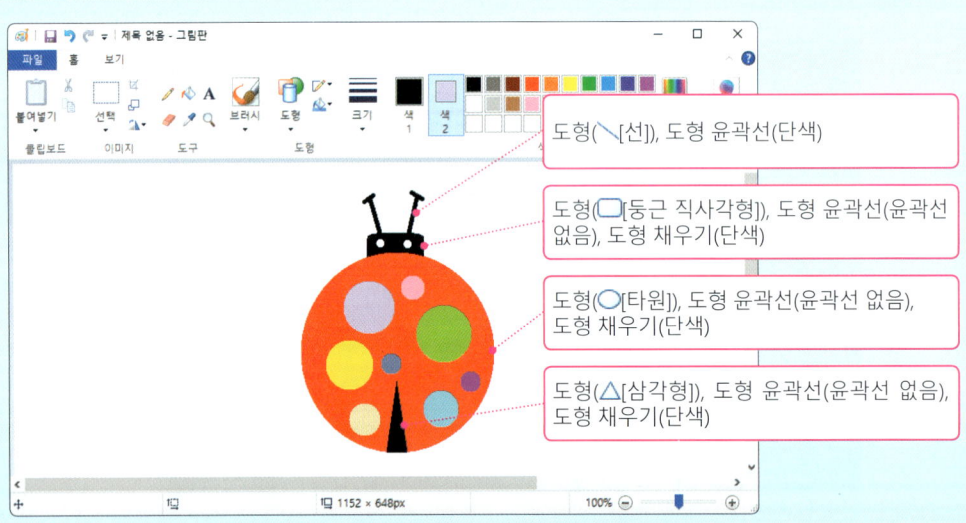

48

2. 하리가 홍보를 위해 포스터를 만들고 있어요. 그런데 포스터의 문구를 어떻게 적어야 할지 모르겠다고 하네요. 여러분이 워드패드에서 포스터의 문구를 적어 주세요. 그러면 하리가 포스터를 만드는 데 많은 도움이 될 거예요.

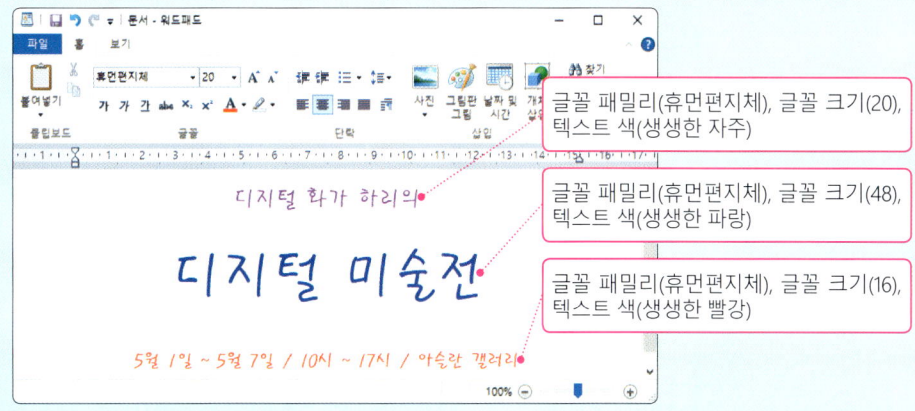

3. 하리가 관람객을 위해 간식을 준비하고 있어요. 하리는 쿠키, 케이크, 과일 등을 준비했는데요. 아직 피자를 준비하지 못했다고 하네요. 여러분이 그림판 3D에서 피자를 준비해 주세요. 그러면 하리가 간식을 준비하는 데 많은 도움이 될 거예요.

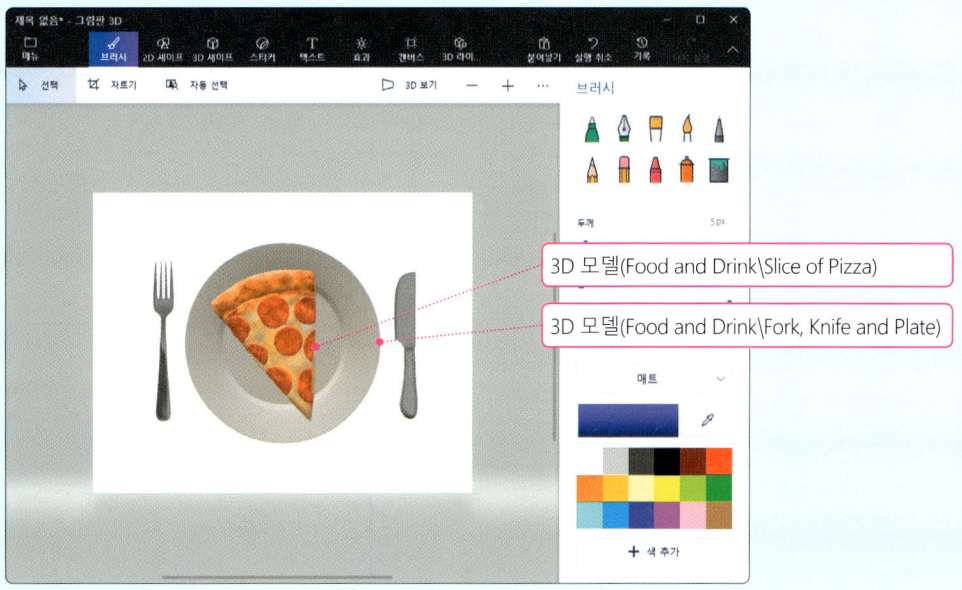

08. 하리와 디지털 화가되기

4. 드디어 하리가 디지털 미술전을 열었어요. 하리는 디지털 미술전을 열 수 있도록 도와준 친구들과 만나기로 했는데요. 아무래도 약속을 잊을 것 같아요. 여러분이 스티커 메모에서 메모를 작성하여 하리가 약속을 잊지 않도록 도와주세요.

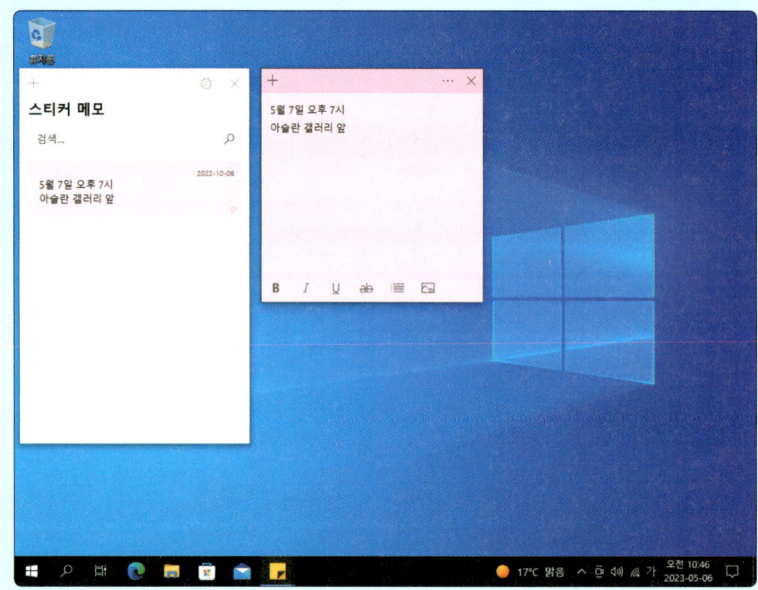

PART 02

쏘피와 인터넷 매니저되기

09. 엣지야, 얼굴이 까매졌네~
10. 한 번에 갈 수 있네.
11. 안녕, 나는 윌-E야.
12. 여기가 현실인가요?
13. 우리, 사진 보자~
14. 우리, 쇼핑하자~
15. 발음이 비슷하네.
16. 종합활동

09

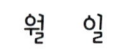

엣지야, 얼굴이 까매졌네~

- 엣지의 전체적인 모양을 지정하는 방법에 대해 알아봅니다.
- 홈 단추에 사이트를 지정하는 방법에 대해 알아봅니다.

여러분~ 안녕! 컴퓨터가 고장 난 것이 아니니 걱정 안 하셔도 돼요. 엣지의 전체적인 모양이 지정된 것이랍니다. 그럼, 엣지의 전체적인 모양을 지정하는 방법과 홈 단추에 사이트를 지정하는 방법에 대해 알아볼까요?

엣지의 전체적인 모양 지정하기

엣지의 전체적인 모양은 '밝게'나 '어둡게' 등으로 지정할 수 있는데요. 어두운 환경에서는 엣지의 전체적인 모양을 '어둡게'로 지정하는 것이 '밝게'로 지정하는 것보다 눈이 더 편하답니다. 그럼, 엣지의 전체적인 모양을 지정하는 방법에 대해 알아볼까요?

1 엣지를 실행한 다음 …[설정 및 기타]를 클릭하고 [설정]을 클릭합니다.

2 [설정]이 나타나면 [브라우저 디스플레이]를 선택한 다음 [전체적인 모양]에서 [어둡게]를 선택합니다.

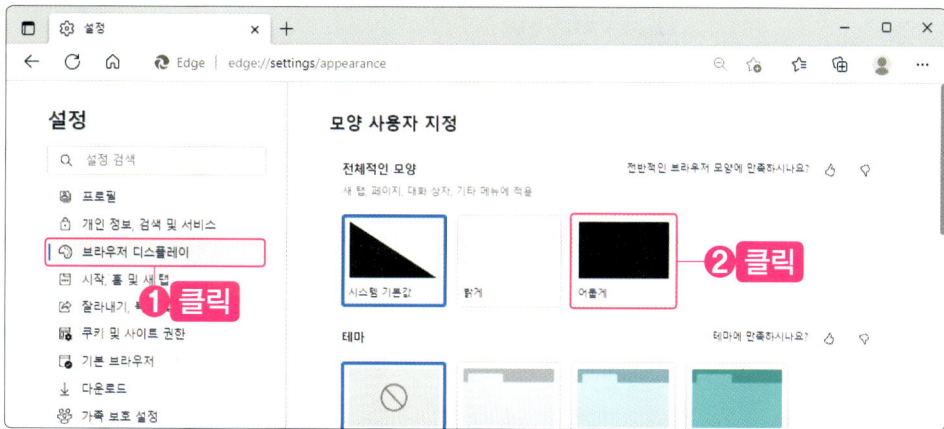

3 다음과 같이 엣지의 전체적인 모양이 지정됩니다.

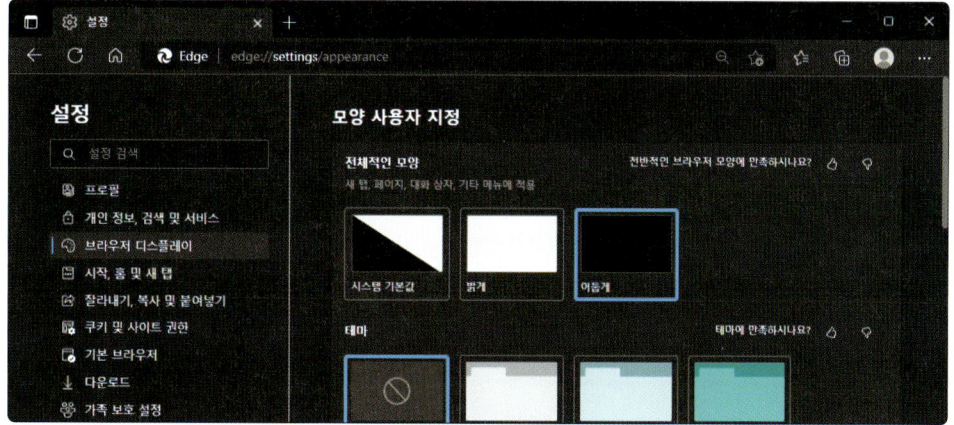

4 같은 방법으로 엣지의 전체적인 모양을 '시스템 기본값'으로 지정합니다.

09. 엣지야, 얼굴이 까매졌네~

홈 단추에 사이트 지정하기

[홈]을 클릭하면 기본 시작 페이지에 접속하는데요. 기본 시작 페이지에 접속하지 않고 여러분이 원하는 페이지에 접속하도록 지정할 수 있답니다. 그럼, 홈 단추에 사이트를 지정하는 방법에 대해 알아볼까요?

1 [설정]에서 [시작, 홈 및 새 탭]을 선택한 다음 [홈 단추]에서 URL(www.csc.go.kr)을 입력하고 [저장] 단추를 클릭합니다. 그런 다음 [홈]을 클릭합니다.

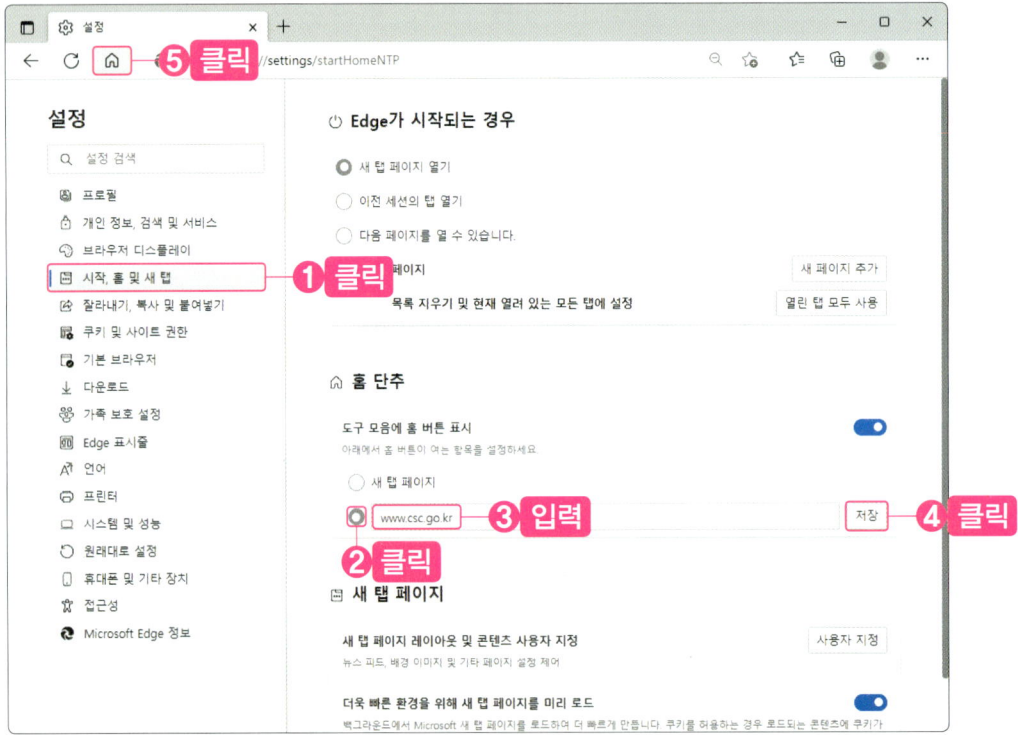

 [홈]이 표시되어 있지 않으면 [도구 모음에 홈 버튼 표시]를 '켬( )'으로 지정하여 [홈]을 표시합니다.

2 국립어린이과학관 홈 페이지가 나타납니다.

마무리 학습

1 다음과 같이 엣지의 전체적인 모양을 '밝게'로 지정해 보세요.

2 다음과 같이 홈 단추에 예술의 전당 사이트(www.sac.or.kr)를 지정해 보세요.

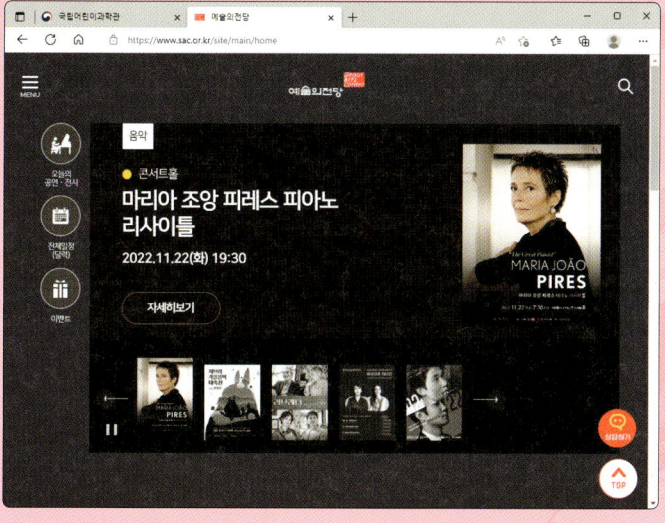

엣지의 전체적인 모양을 '시스템 기본값'으로 지정한 다음 홈 단추에 쥬니어네이버 사이트(jr.naver.com)를 지정해 보세요.

월   일

한 번에 갈 수 있네.

10

- 작업 표시줄에 사이트를 고정하는 방법에 대해 알아봅니다.
- 시작 화면에 사이트를 고정하는 방법에 대해 알아봅니다.

배울내용 맛보기

와~ 엣지를 실행한 다음 접속하지 않아도 되네~ 어떻게 한 거야~

어때? 바로 접속하지? 작업 표시줄에 고정된 사이트 단추를 클릭한 거야~

그러게~ 축지법을 쓴 거야?

여러분~ 안녕! 작업 표시줄에 사이트를 고정했네요. 작업 표시줄이나 시작 화면에 사이트를 고정하면 바로 접속할 수 있답니다. 그럼, 작업 표시줄에 사이트를 고정하는 방법과 시작 화면에 사이트를 고정하는 방법에 대해 알아볼까요?

빵터진 컴퓨터 모험2

작업 표시줄에 사이트 고정하기

작업 표시줄에 사이트를 고정하면 엣지를 실행한 다음 접속하지 않고 작업 표시줄에 고정된 사이트 단추를 클릭하여 바로 접속할 수 있답니다. 그럼, 작업 표시줄에 사이트를 고정하는 방법에 대해 알아볼까요?

1 엣지를 실행한 다음 쥬니어네이버 사이트(jr.naver.com)에 접속합니다.

2 쥬니어네이버 홈 페이지가 나타나면 …[설정 및 기타]를 클릭한 다음 [기타 도구]-[작업 표시줄에 고정]을 클릭합니다.

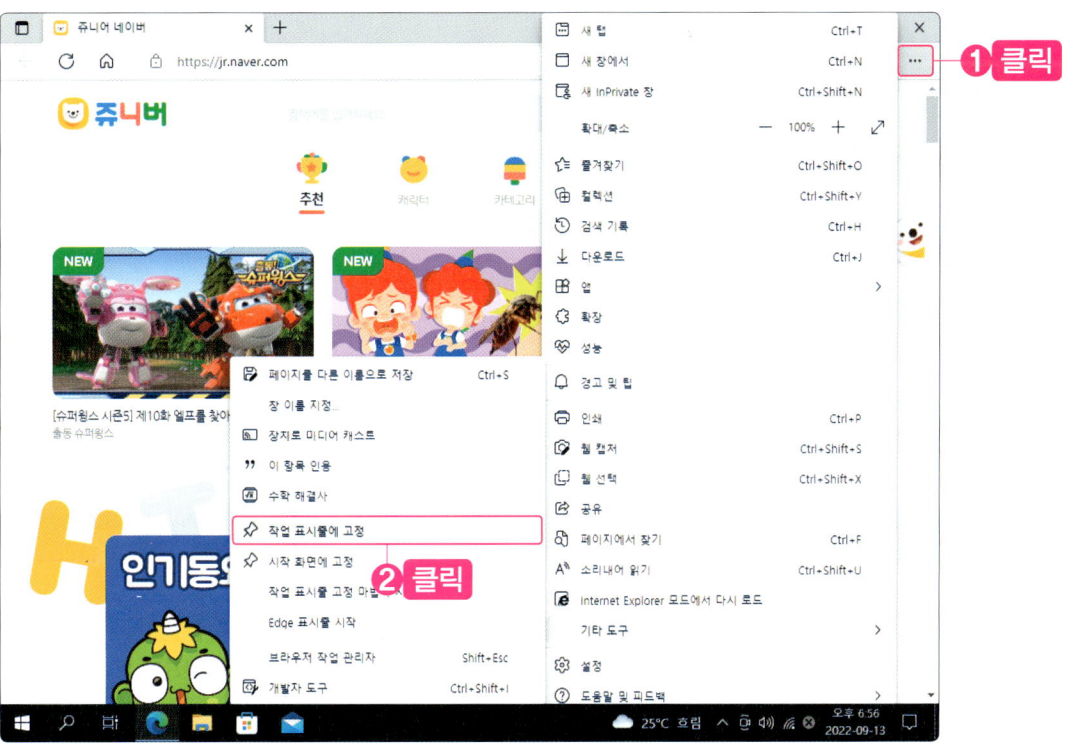

3 작업 표시줄에 쥬니어네이버 사이트가 고정되면 엣지를 종료하기 위해 ✕[닫기] 단추를 클릭합니다.

10. 한 번에 갈 수 있네.

④ 엣지가 종료되면 작업 표시줄에서 [쥬니어 네이버] 단추를 클릭합니다.

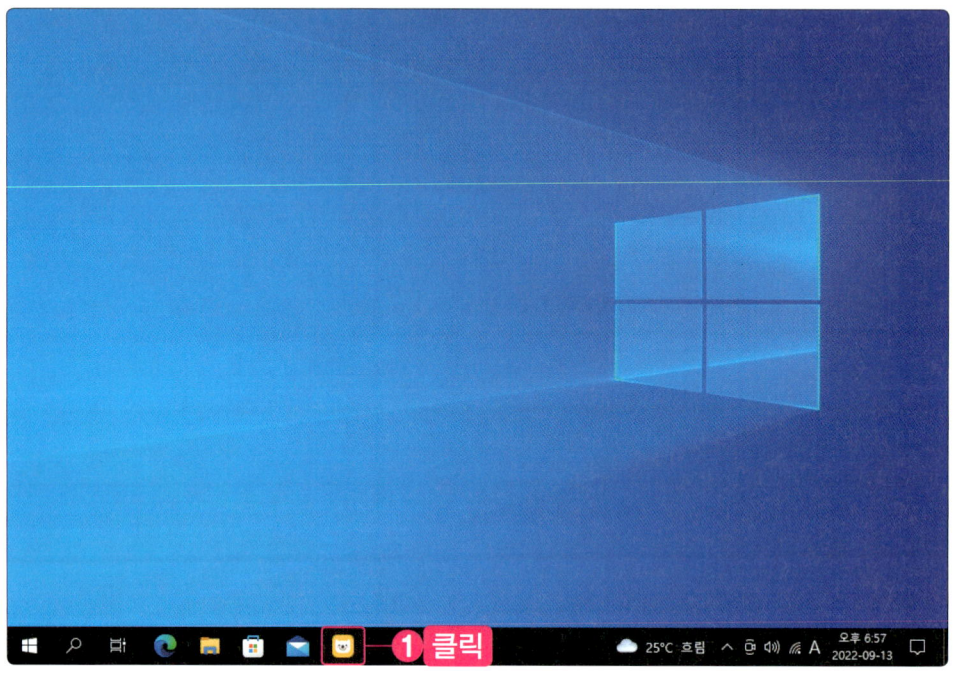

⑤ 다음과 같이 쥬니어네이버 홈 페이지가 나타납니다.

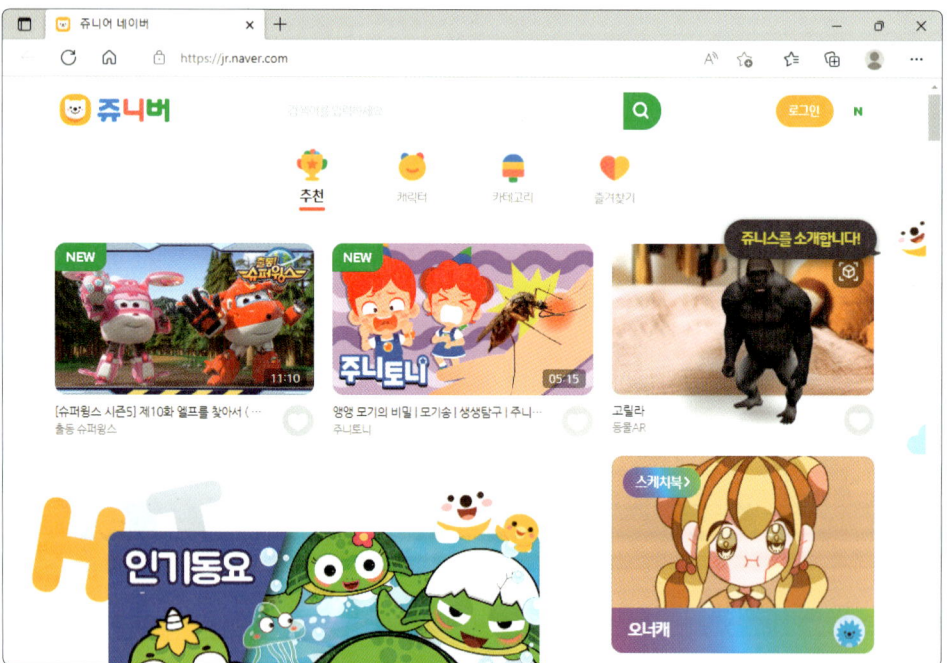

작업 표시줄에 있는 [쥬니어 네이버] 단추의 바로 가기 메뉴에서 [작업 표시줄에서 제거]를 클릭하면 작업 표시줄에서 [쥬니어 네이버] 단추를 제거할 수 있습니다.

시작 화면에 사이트 고정하기

시작 화면에 사이트를 고정하면 엣지를 실행한 다음 접속하지 않고 시작 화면에 고정된 사이트 타일을 클릭하여 바로 접속할 수 있답니다. 그럼, 시작 화면에 사이트를 고정하는 방법에 대해 알아볼까요?

① …[설정 및 기타]를 클릭한 다음 [기타 도구]-[시작 화면에 고정]을 클릭합니다.

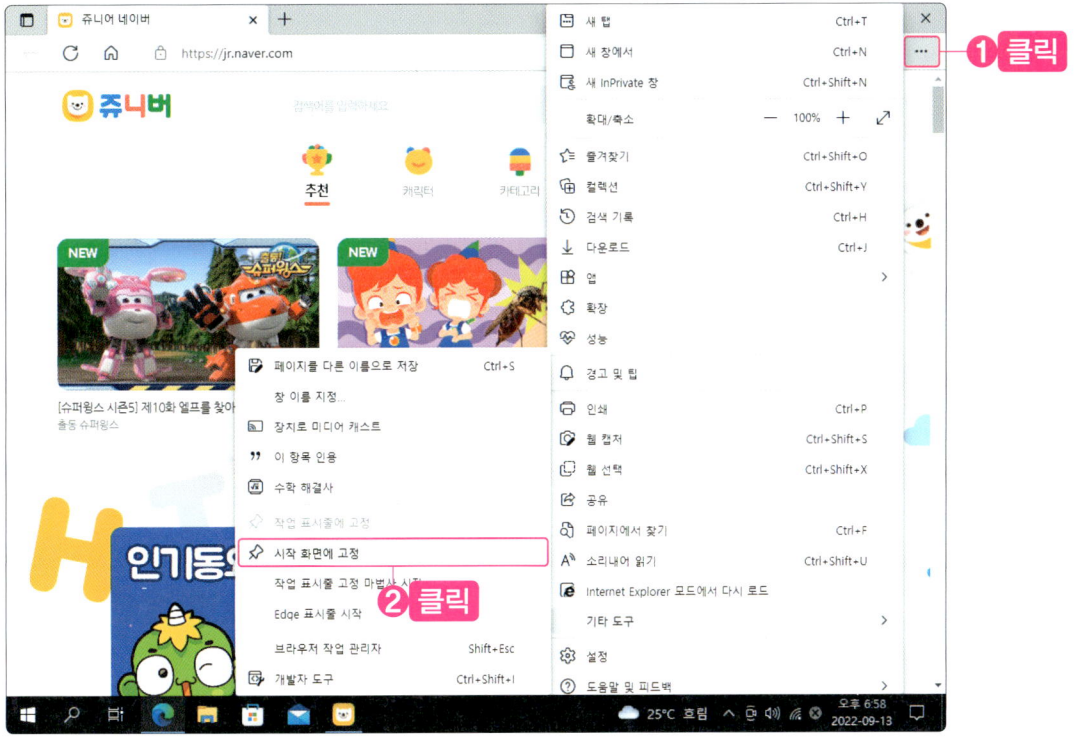

② '이 타일을 시작 메뉴에 고정하시겠습니까?'라고 묻는 대화상자가 나타나면 [예] 단추를 클릭합니다.

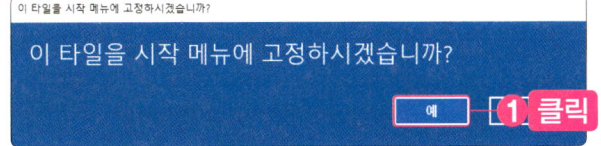

③ 시작 화면에 쥬니어네이버 사이트가 고정되면 엣지를 종료하기 위해 ✕[닫기] 단추를 클릭합니다.

10. 한 번에 갈 수 있네.

④ 엣지가 종료되면 ⊞[시작] 단추를 클릭한 다음 시작 화면에서 쥬니어 네이버 타일을 클릭합니다.

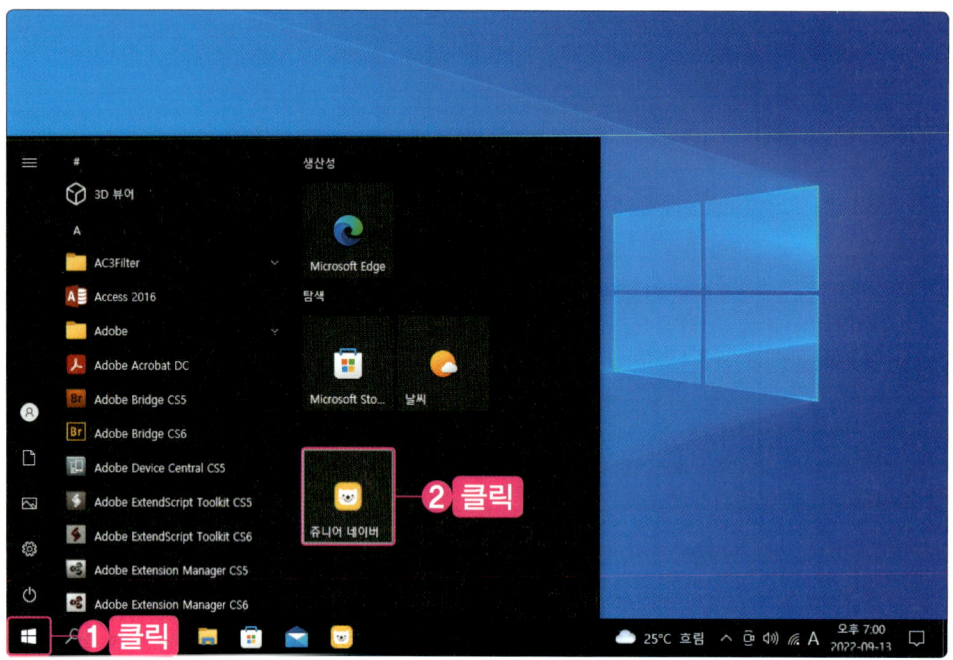

⑤ 다음과 같이 쥬니어네이버 홈 페이지가 나타납니다.

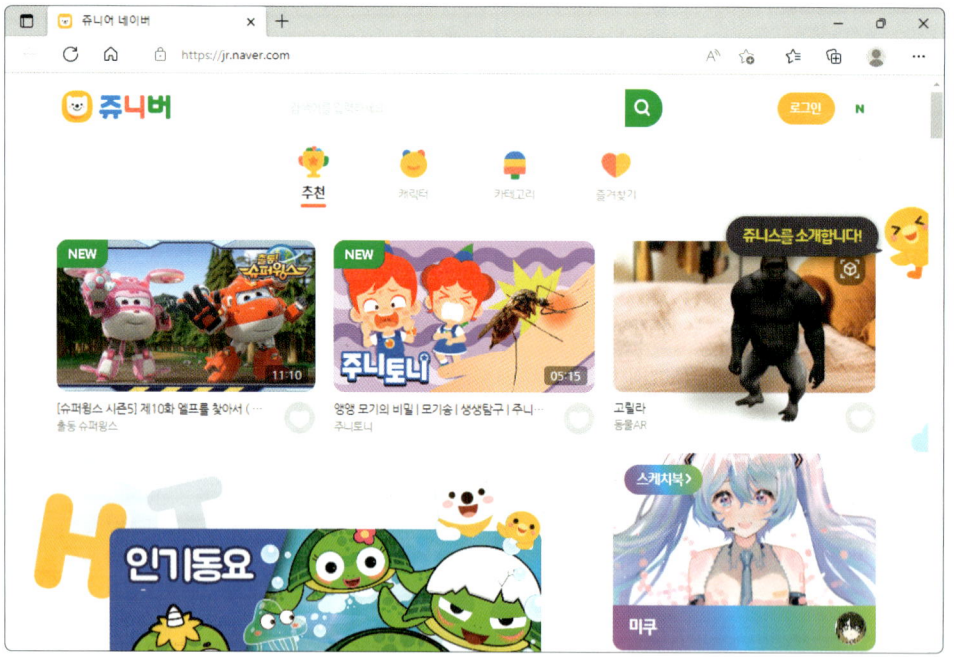

⊞[시작] 단추를 클릭한 다음 시작 화면에 있는 쥬니어 네이버 타일의 바로 가기 메뉴에서 [시작 화면에서 제거]를 클릭하면 시작 화면에서 쥬니어 네이버 타일을 제거할 수 있습니다.

마무리 학습

1 다음과 같이 작업 표시줄에 국립어린이과학관 사이트(www.csc.go.kr)를 고정해 보세요.

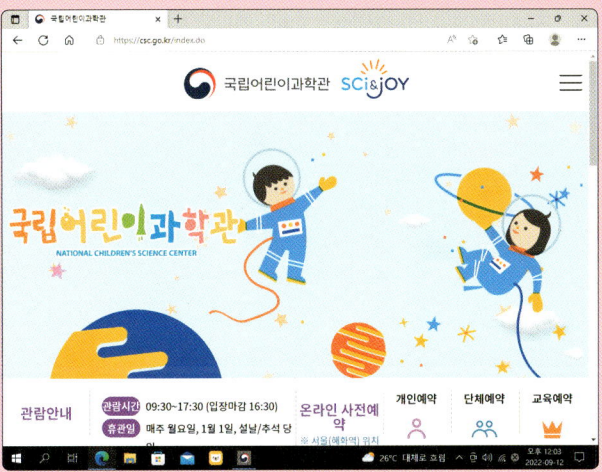

2 다음과 같이 시작 화면에 국립어린이과학관 사이트(www.csc.go.kr)를 고정해 보세요.

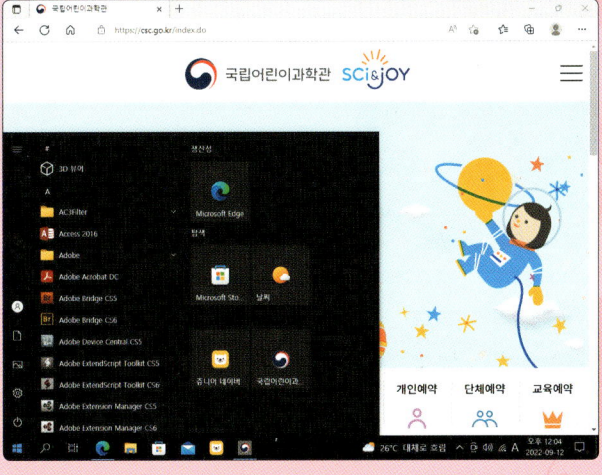

작업 표시줄에서 ▣[쥬니어 네이버] 단추와 ▣[국립어린이과학관] 단추를 제거한 다음 시작 화면에서 쥬니어 네이버 타일과 국립어린이과학관 타일을 제거해 보세요.

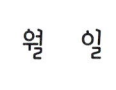

11 안녕, 나는 월-E야.

- 영화를 검색하는 방법에 대해 알아봅니다.
- 내 컴퓨터로 이미지를 가져오는 방법에 대해 알아봅니다.

배울내용 맛보기

이 로봇은 누구니?

내가 재미있게 본 영화의 주인공이야~

나보다 못생겼네~

여러분~ 안녕! 저 로봇은 영화 '월-E'의 주인공이에요. 월-E는 지구 폐기물을 수거하고 처리하는 로봇이랍니다. 그럼, 영화를 검색하는 방법과 내 컴퓨터로 이미지를 가져오는 방법에 대해 알아볼까요?

빵터진 컴퓨터 모험2

영화 검색하기

여러분은 재미있게 본 영화가 있나요? 인터넷에서는 영화를 검색하여 영화의 줄거리, 배우, 스틸컷(한 컷만 골라내어 현상한 사진), 포스터 등을 쉽고 빠르게 찾을 수 있답니다. 그럼, 영화를 검색하는 방법에 대해 알아볼까요?

1 엣지를 실행한 다음 네이버 영화 사이트(movie.naver.com)에 접속합니다.

2 네이버 영화 홈 페이지가 나타나면 [영화검색]에 '월-E'를 입력한 다음 [검색] 단추를 클릭합니다.

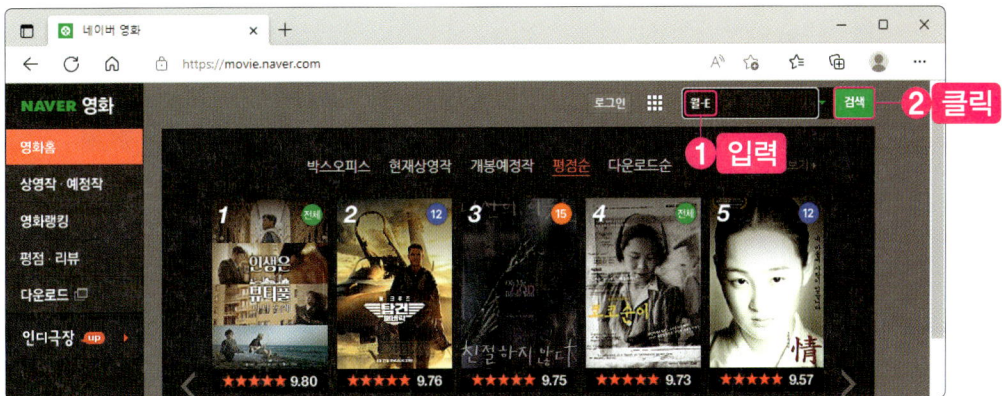

3 '월-E'에 대한 검색 결과가 나타나면 [영화]에서 [월-E (WALL-E)]를 클릭합니다.

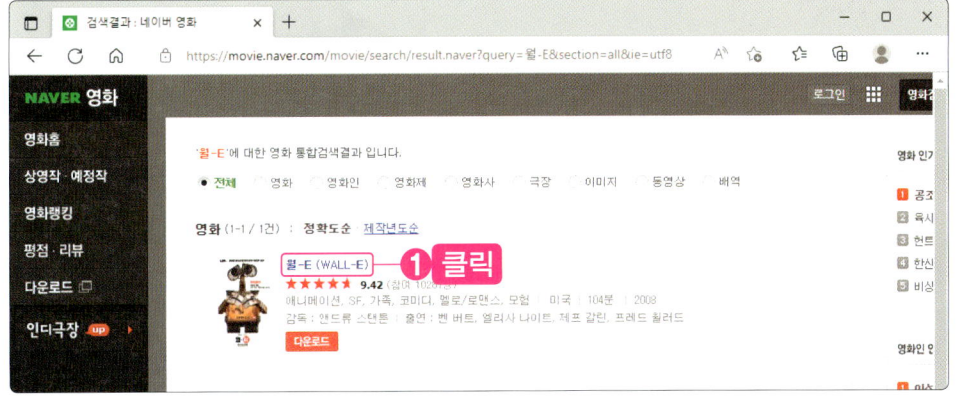

4 월-E 페이지가 나타납니다.

63

11. 안녕, 나는 월-E야.

내 컴퓨터로 이미지 가져오기

영화를 검색하여 찾은 스틸컷이나 사진 등의 이미지뿐만 아니라 인터넷에 있는 이미지는 내 컴퓨터에 저장하여 언제든지 볼 수 있답니다. 그럼, 내 컴퓨터로 이미지를 가져오는 방법에 대해 알아볼까요?

① 월-E 페이지에서 포스터를 클릭합니다.

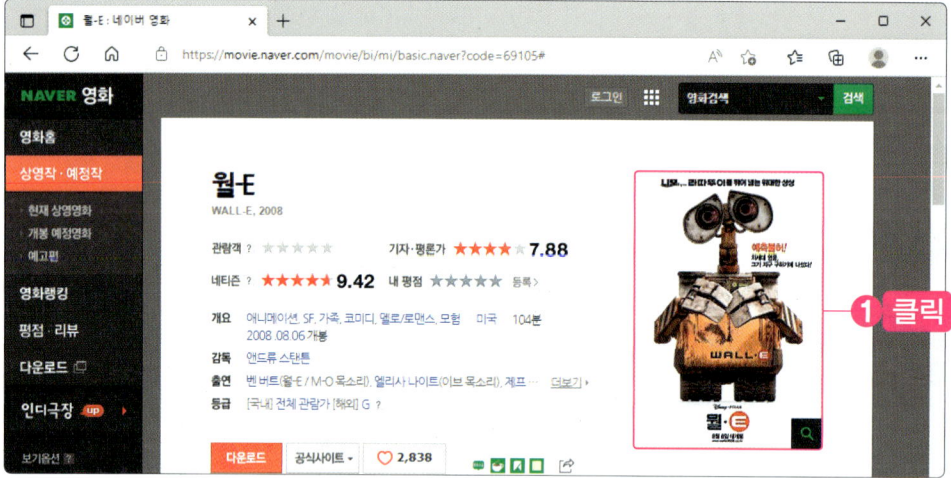

② 새 창에 포스터가 나타나면 포스터의 바로 가기 메뉴에서 [다른 이름으로 사진 저장]을 클릭합니다.

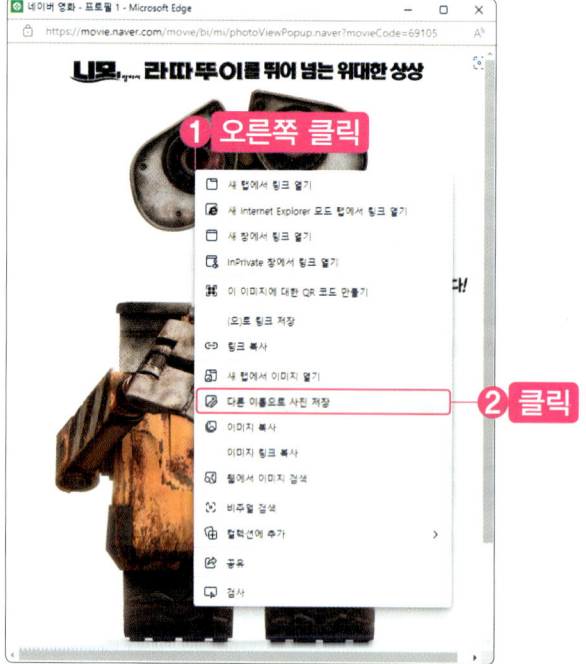

빵터진 컴퓨터 모험2

③ [다른 이름으로 저장] 대화상자가 나타나면 폴더(내 PC\사진)를 선택한 다음 파일 이름(월-E)을 입력하고 [저장] 단추를 클릭합니다.

④ 포스터가 저장됩니다.

마무리 학습

① 다음과 같이 네이버 영화 사이트(movie.naver.com)에서 영화 '로봇'을 검색해 보세요.

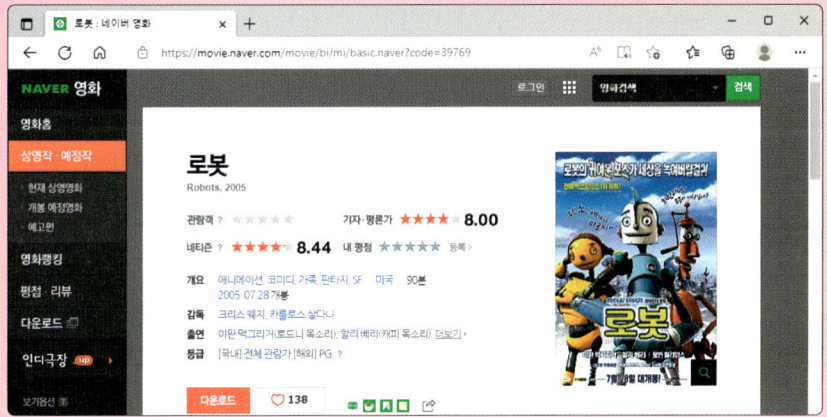

② 다음과 같이 영화 '로봇'의 포스터를 저장해 보세요.
  • 포스터 저장 : 폴더(내 PC\사진), 파일 이름(로봇)

자신이 재미있게 본 영화는 무엇인지 적어 보세요.

(예) 토이 스토리

월 일

12 여기가 현실인가요?

- 가상현실을 검색하는 방법에 대해 알아봅니다.
- 내 컴퓨터로 내용을 가져오는 방법에 대해 알아봅니다.

가상현실? 어디서 많이 들어 본 말인데...

가상현실도 모르니? 전에 가상현실 체험관에 갔었는데... 진짜 재미있었어~

나도 영화에서 들어 본 것 같아~

여러분~ 안녕! 가상현실은 컴퓨터와 여러 가지 장치를 사용하여 환경이나 상황이 실제가 아니지만 실제처럼 느낄 수 있도록 만드는 기술을 말한답니다. 그럼, 가상현실을 검색하는 방법과 내 컴퓨터로 내용을 가져오는 방법에 대해 알아볼까요?

가상현실 검색하기

여러분은 '가상현실'이라는 말을 들어본 적이 있나요? 인터넷에서는 궁금했던 용어의 개요나 역사 등을 쉽고 빠르게 찾을 수 있답니다. 그럼, 가상현실을 검색하는 방법에 대해 알아볼까요?

① 엣지를 실행하고 다음 사이트(www.daum.net)에 접속합니다.

② 다음 홈 페이지가 나타나면 [검색어 입력]에 '가상현실'을 입력한 다음 🔍을 클릭합니다.

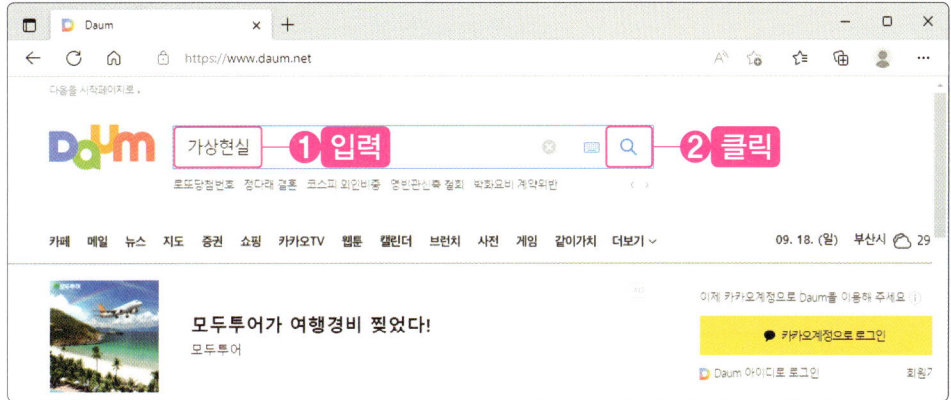

③ '가상현실'에 대한 검색 결과가 나타나면 [백과사전]에서 [가상현실]을 클릭합니다.

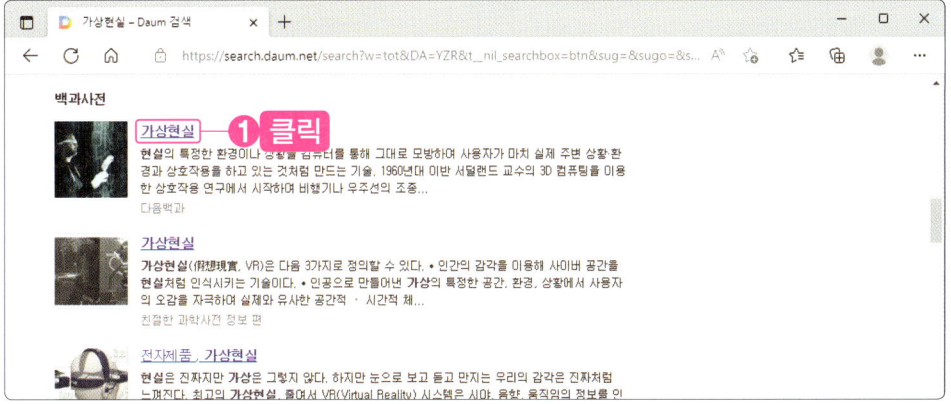

④ 가상현실 페이지가 나타납니다.

12. 여기가 현실인가요?

내 컴퓨터로 내용 가져오기

가상현실을 검색하여 찾은 개요나 역사 등의 내용뿐만 아니라 인터넷에 있는 내용은 내 컴퓨터에 저장하여 언제든지 볼 수 있답니다. 그럼, 내 컴퓨터로 내용을 가져오는 방법에 대해 알아볼까요?

1. 가상현실 페이지에서 내용을 복사하기 위해 다음과 같이 내용을 드래그하여 선택한 다음 선택한 내용의 바로 가기 메뉴에서 [복사]를 클릭합니다.

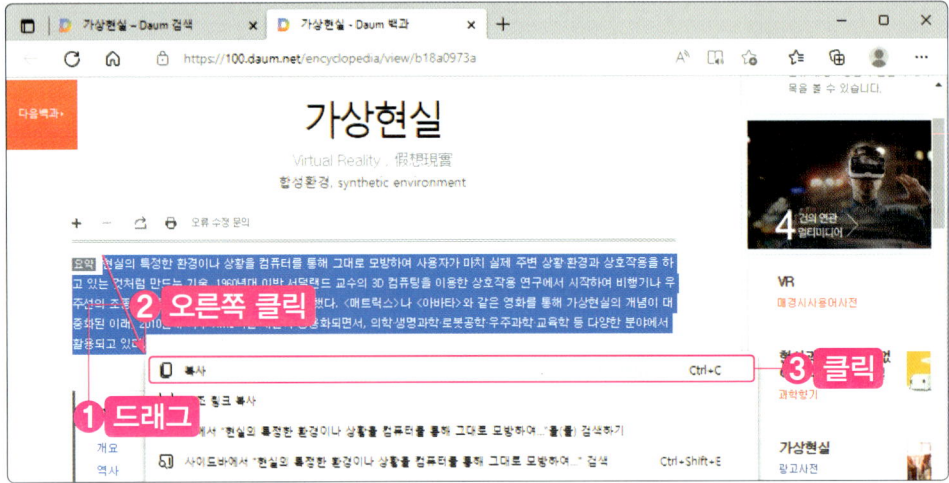

2. 워드패드를 실행한 다음 내용을 붙여넣기 위해 [홈] 탭-[클립보드] 그룹에서 [붙여넣기]를 클릭합니다.

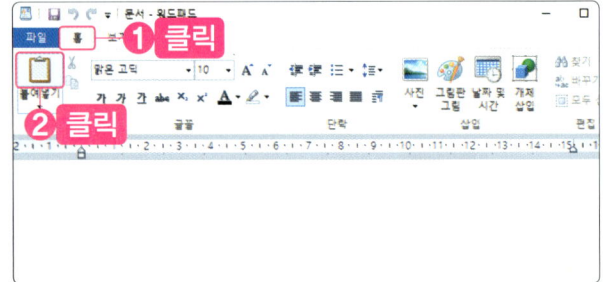

3. 내용이 붙여넣어지면 내용을 저장하기 위해 [파일] 탭에서 [저장]을 클릭합니다.

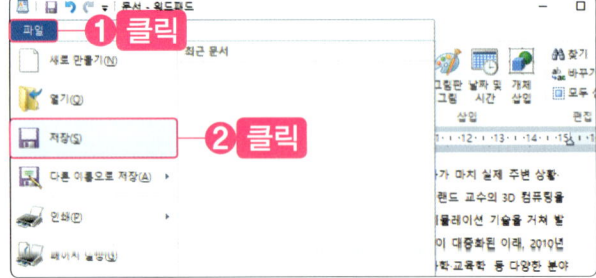

4 [다른 이름으로 저장] 대화상자가 나타나면 폴더(내 PC\문서)를 선택한 다음 파일 이름(가상현실)을 입력하고 [저장] 단추를 클릭합니다.

5 내용이 저장됩니다.

마무리 학습

1 다음과 같이 다음 사이트(www.daum.net)에서 '증강현실'을 검색해 보세요.

2 다음과 같이 '증강현실'의 내용을 저장해 보세요.
- 내용 저장 : 폴더(내 PC\문서), 파일 이름(증강현실)

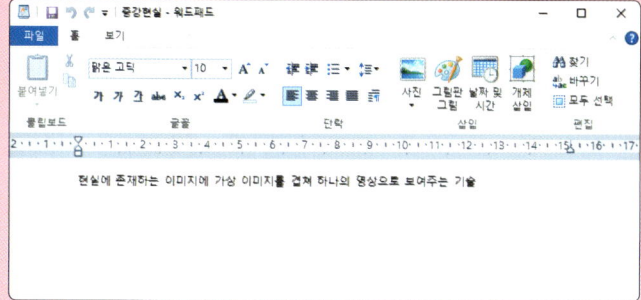

가상현실을 소재로 한 영화에는 어떤 영화가 있는지 알아보고 적어 보세요.

(예) 아바타

13 우리, 사진 보자~

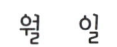 월   일

- 프로그램을 다운로드하는 방법에 대해 알아봅니다.
- 프로그램을 설치하는 방법에 대해 알아봅니다.

 배울내용 맛보기

내가 프로그램을 설치해서 생긴 아이콘이야~

어? 못 보던 아이콘이네~

그러게~ 꼭 알처럼 생겼네~

여러분~ 안녕! 쏘피가 설치한 프로그램은 알씨인데요. 알씨는 이미지를 관리하거나 수정할 수 있는 프로그램이랍니다. 그럼, 프로그램을 다운로드하는 방법과 설치하는 방법에 대해 알아볼까요?

프로그램 다운로드하기

인터넷에는 컴퓨터를 사용하는 데 도움이 되는 프로그램이 많이 있는데요. 인터넷에 있는 자료나 프로그램 등을 내 컴퓨터로 가져오는 것을 '다운로드'라고 한답니다. 그럼, 프로그램을 다운로드하는 방법에 대해 알아볼까요?

1 엣지를 실행한 다음 알툴즈 사이트(www.altools.co.kr)에 접속합니다.

2 알툴즈 홈 페이지가 나타나면 [알씨]를 클릭합니다.

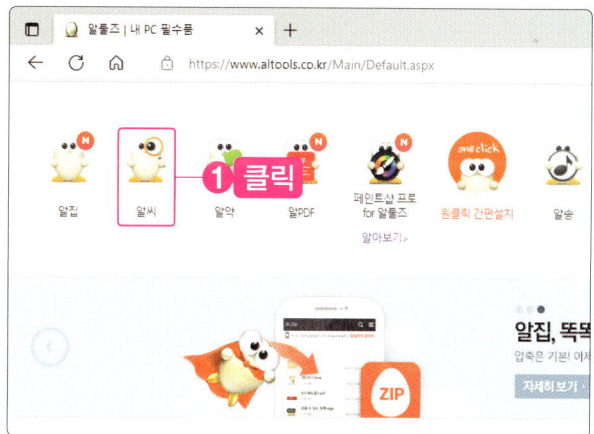

3 다음과 같이 ⬇[다운로드]를 보면 알씨가 다운로드된 것을 확인할 수 있습니다.

- 자료나 프로그램 등을 다운로드하면 ⬇[다운로드]가 표시되는데요. ⬇[다운로드]는 다운로드 중이면 ⬇ 모양으로, 다운로드가 완료되면 ⬇ 모양으로 표시됩니다.
- 다운로드한 자료나 프로그램 등은 '내 PC\다운로드' 폴더에 저장됩니다.

13. 우리, 사진 보자~

프로그램 설치하기

다운로드한 프로그램은 바로 사용할 수 있는 프로그램도 있고 설치해야 사용할 수 있는 프로그램도 있는데요. 알씨는 설치해야 사용할 수 있답니다. 그럼, 프로그램을 설치하는 방법에 대해 알아볼까요?

① 파일 탐색기를 실행하기 위해 [시작] 단추를 클릭한 다음 앱 뷰에서 [Windows 시스템]을 클릭하고 [파일 탐색기]를 클릭합니다.

② 파일 탐색기가 실행되면 폴더(내 PC\다운로드)를 선택한 다음 파일(AL See922)을 더블 클릭합니다.

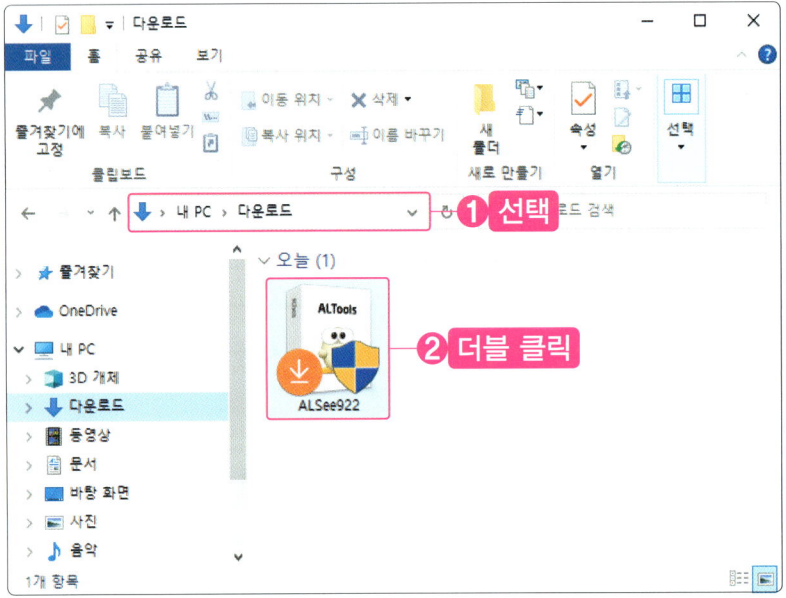

③ '이 앱이 디바이스를 변경할 수 있도록 허용하시겠어요?'라고 묻는 대화상자가 나타나면 [예] 단추를 클릭합니다.

4. [알씨 설치] 대화상자의 '라이선스 계약 동의' 화면이 나타나면 라이선스 계약 내용을 확인한 다음 [동의] 단추를 클릭합니다.

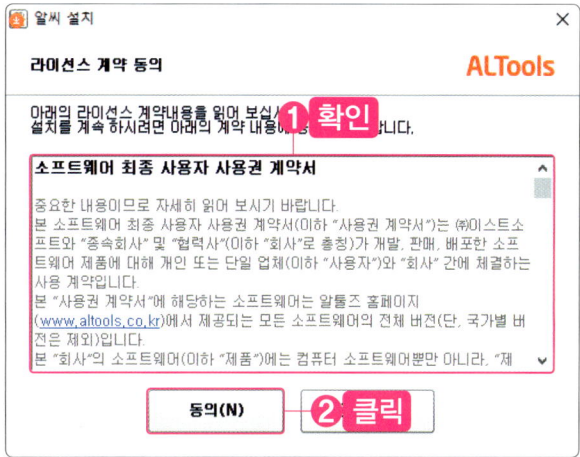

5. [알씨 설치] 대화상자의 '설치를 시작합니다.' 화면이 나타나면 [알집 추가 설치]를 선택 해제한 다음 [설치 시작] 단추를 클릭합니다.

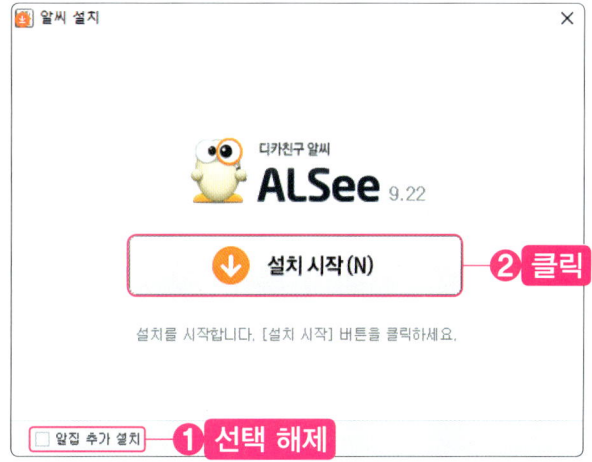

6. [알씨 설치] 대화상자의 '설치 방법 선택' 화면이 나타나면 [쿠팡/위메프/하프클럽 – 제휴 추가]와 [zum을 검색엔진으로]를 선택 해제한 다음 [빠른 설치] 단추를 클릭합니다.

13. 우리, 사진 보자~

7 알씨를 설치한 다음 [알씨 설치] 대화상자의 '알캡처를 설치 해 보시겠습니까?' 화면이 나타나면 [알캡처를 설치 해 보시겠습니까?]를 선택 해제하고 [확인] 단추를 클릭합니다.

8 다음과 같이 바탕 화면을 보면 알씨가 설치된 것을 확인할 수 있습니다.

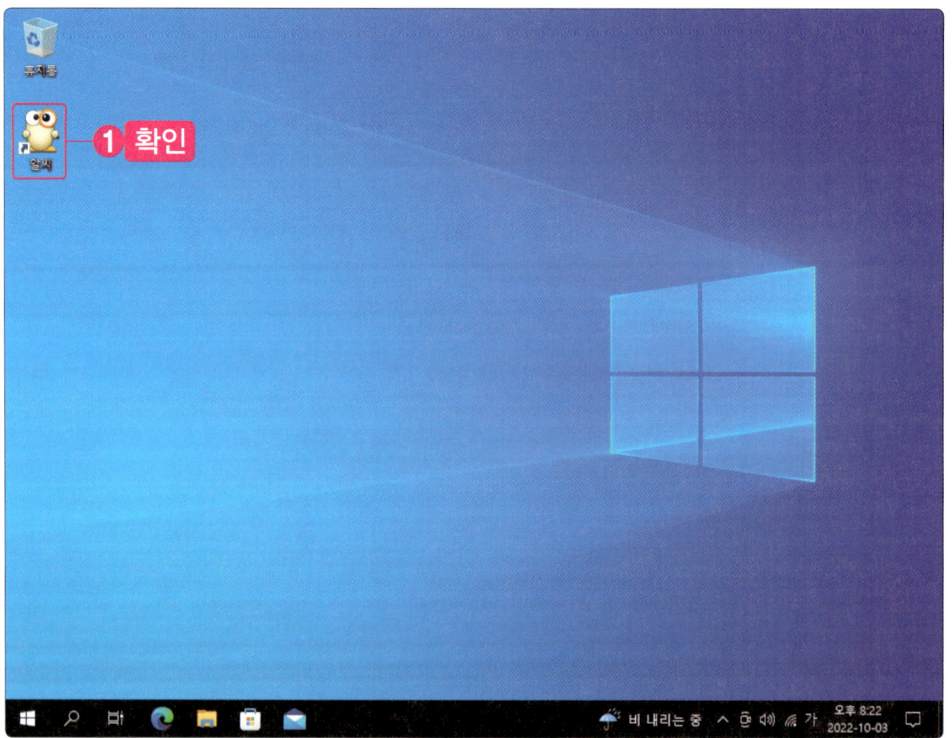

마무리 학습

1 다음 내용을 읽고 □ 안에 들어갈 말은 무엇인지 적어 보세요.

> 인터넷에 있는 자료나 프로그램 등을 내 컴퓨터로 가져오는 것을 '□□□□'(이)라고 합니다.

2 알약은 바이러스와 악성코드를 검사하고 치료할 수 있는 프로그램(백신 프로그램)입니다. 다음과 같이 알툴즈 사이트(www.altools.co.kr)에서 알약을 다운로드한 다음 설치해 보세요.

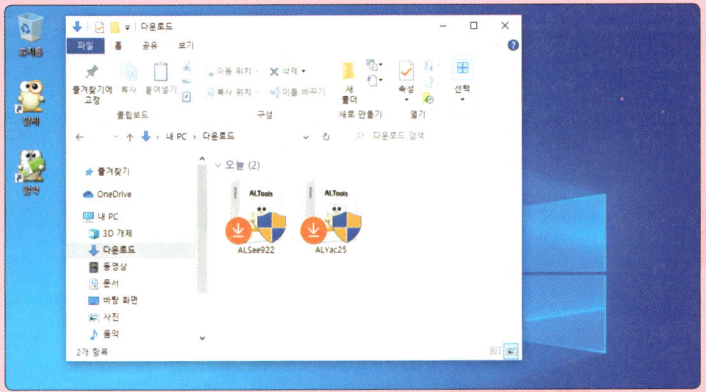

알집은 파일의 크기를 줄일 수 있는 프로그램(압축 프로그램)입니다. 다음과 같이 알툴즈 사이트(www.altools.co.kr)에서 알집을 다운로드한 다음 설치해 보세요.

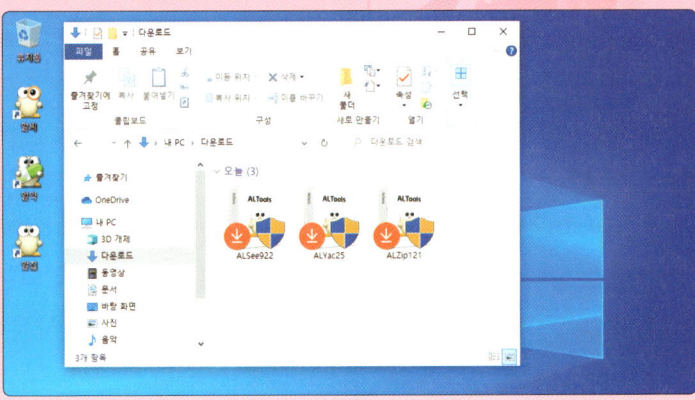

14 우리, 쇼핑하자~

- 스토어에서 프로그램을 구입하는 방법에 대해 알아봅니다.
- 스토어에서 구입한 프로그램을 사용하는 방법에 대해 알아봅니다.

월 일

배울내용 맛보기

여러분~ 안녕! 어스가 색칠공부를 하고 싶은가 봐요. 하지만 친구가 여러분 얼굴에 색연필로 장난을 하면 안 되듯이 모니터에 색칠하면 안 된답니다. 그럼, 스토어에서 프로그램을 구입하는 방법과 구입한 프로그램을 사용하는 방법에 대해 알아볼까요?

스토어에서 프로그램 구입하기

윈도우 10에는 원스톱 쇼핑(한 상점에서 원하는 상품을 모두 구입할 수 있는 방식)이 가능한 스토어가 있는데요. 스토어에서는 여러분이 원하는 프로그램이나 게임 등을 쉽고 빠르게 구입할 수 있답니다. 그럼, 스토어에서 프로그램을 구입하는 방법에 대해 알아볼까요?

1 스토어를 실행하기 위해 ⊞[시작] 단추를 클릭한 다음 앱 뷰에서 [Microsoft Store]를 클릭합니다.

2 스토어가 실행되면 [앱, 게임, 영화 등 검색]에 '색칠공부'를 입력한 다음 🔎을 클릭합니다.

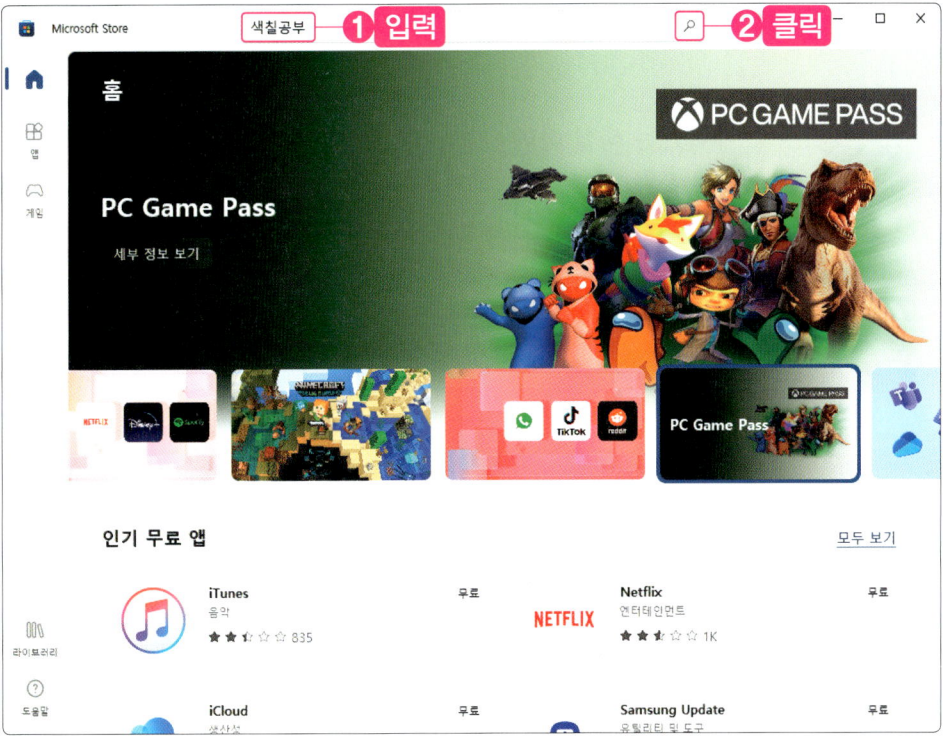

14. 우리, 쇼핑하자~

③ '색칠공부'에 대한 검색 결과가 나타나면 [재미있는 색칠 아이]를 클릭합니다.

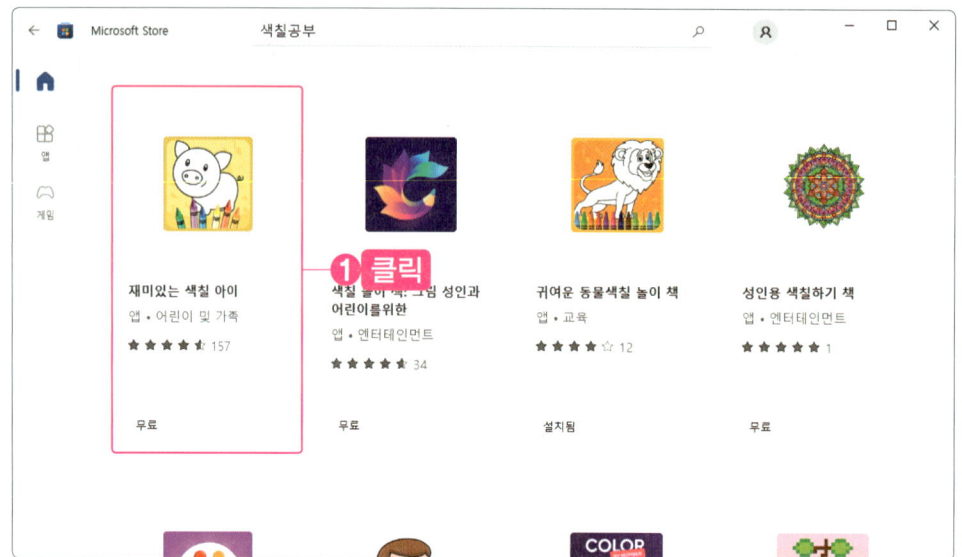

④ 재미있는 색칠 아이 페이지가 나타나면 [다운로드] 단추를 클릭합니다.

 [다운로드] 단추를 클릭하면 재미있는 색칠 아이가 다운로드된 다음 자동으로 설치됩니다.

⑤ 재미있는 색칠 아이가 설치되면 스토어를 종료하기 위해 ✕[닫기] 단추를 클릭합니다.

⑥ 스토어가 종료됩니다.

스토어에서 구입한 프로그램 사용하기

스토어에서 구입한 재미있는 색칠 아이는 색칠공부를 할 수 있는 프로그램인데요. 마우스로 동물이나 과일 등의 도안을 예쁘게 색칠하여 그림을 완성하면 된답니다. 그럼, 스토어에서 구입한 프로그램을 사용하는 방법에 대해 알아볼까요?

① 재미있는 색칠 아이를 실행하기 위해 ⊞[시작] 단추를 클릭한 다음 앱 뷰에서 [재미있는 색칠 아이]를 클릭합니다.

② 재미있는 색칠 아이가 실행되면 [FRUITS]를 클릭합니다.

③ FRUITS 화면이 나타나면 [파인애플]을 클릭합니다.

 ←을 클릭하면 이전 화면으로 이동합니다.

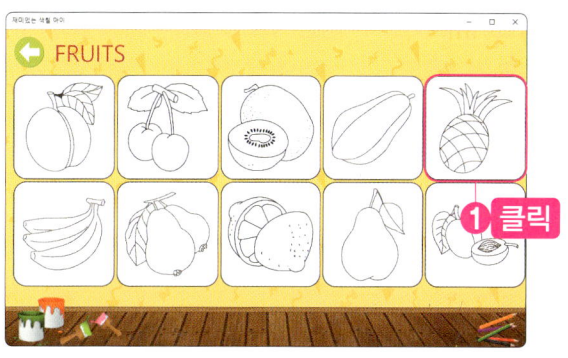

④ 파인애플 화면이 나타나면 파인애플의 잎사귀를 색칠하기 위해 [색 채우기]를 클릭한 다음 색(●)을 선택하고 파인애플의 잎사귀를 클릭합니다.

14. 우리, 쇼핑하자~

5 같은 방법으로 다음과 같이 파인애플을 색칠합니다.

색칠을 잘못한 경우에는 🔄을 클릭한 다음 다시 색칠합니다.

6 파인애플을 색칠했으면 재미있는 색칠 아이를 종료하기 위해 ✕[닫기] 단추를 클릭합니다.

7 재미있는 색칠 아이가 종료됩니다.

잠깐만요!

스토어에서 구입한 프로그램 제거하기

다음과 같이 [시작] 단추를 클릭한 다음 앱 뷰에 있는 구입한 프로그램의 바로 가기 메뉴에서 [제거]를 클릭하면 '이 앱 및 관련 정보가 제거됩니다.'라는 내용의 대화상자가 나타나는데요. '이 앱 및 관련 정보가 제거됩니다.'라는 내용의 대화상자에서 [제거] 단추를 클릭하면 구입한 프로그램을 제거할 수 있습니다.

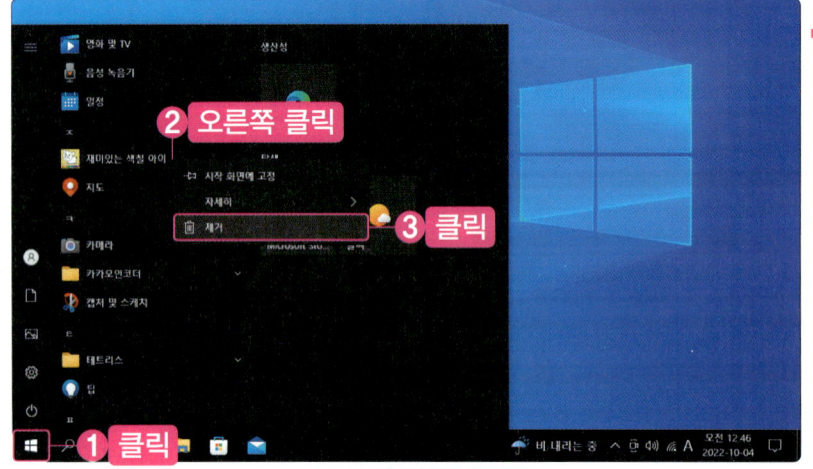
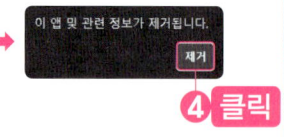

마무리 학습

1 다음과 같이 스토어에서 프로그램(귀여운 동물색칠 놀이 책)을 구입해 보세요.

2 다음과 같이 스토어에서 구입한 프로그램(귀여운 동물색칠 놀이 책)을 사용해 보세요.

스토어에서 구입한 프로그램(재미있는 색칠 아이, 귀여운 동물색칠 놀이 책)을 제거해 보세요.

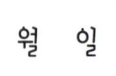
월 일

15 발음이 비슷하네.

- 낮, 낫, 낯의 의미를 알아봅니다.
- 속담에 대해 알아봅니다.

여러분~ 안녕! 낮, 낫, 낯에 대해 이야기하고 있었네요. 낮, 낫, 낯은 쏘피의 말대로 발음도 다르고 의미도 다르답니다. 그럼, 낮, 낫, 낯의 의미를 알아본 다음 속담에 대해 알아볼까요?

낯, 낫, 낮의 의미 알아보기

우리말에는 낯, 낫, 낮과 같이 발음이 비슷해서 철자를 틀릴 수 있는 단어가 있는데요. 이런 단어는 의미로 구별하여 사용해야 한답니다. 그럼, 낯, 낫, 낮의 의미를 알아볼까요?

① 엣지를 실행한 다음 우리말 배움터 사이트(urimal.cs.pusan.ac.kr)에 접속합니다.

② 우리말 배움터 홈 페이지가 나타나면 [전체검색]에 '낯'을 입력한 다음 [검색] 단추를 클릭합니다.

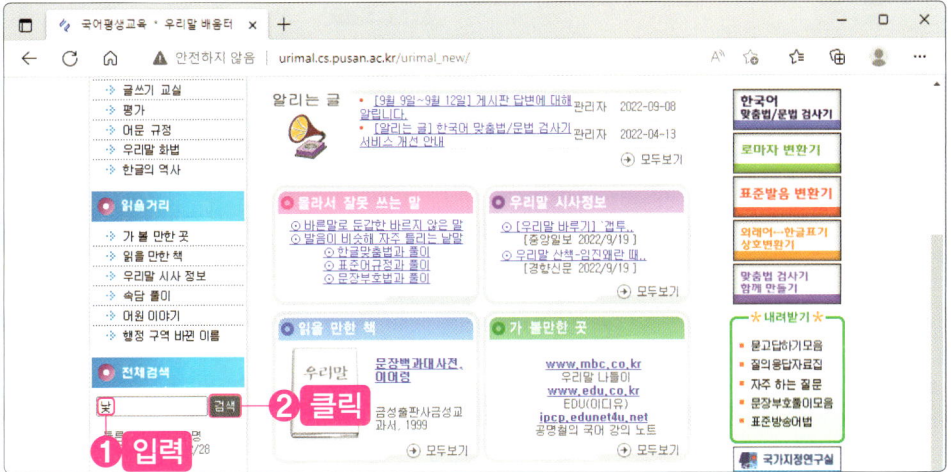

③ '낯'에 대한 검색 결과가 나타나면 [낯/낫/낮]을 클릭합니다.

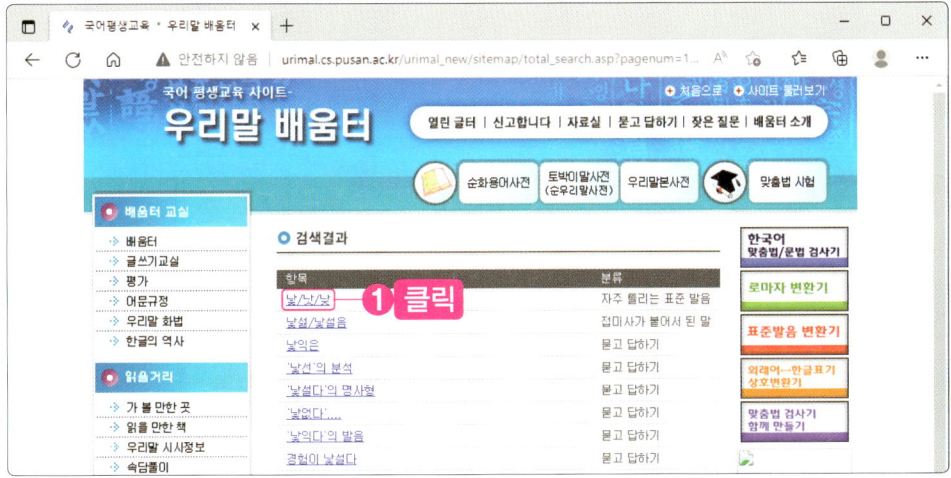

15. 발음이 비슷하네.

④ 낯/낫/낮 페이지가 나타나면 [바로 쓴 예]와 [잘못 쓴 예]를 읽어본 다음 [풀이] 단추를 클릭합니다.

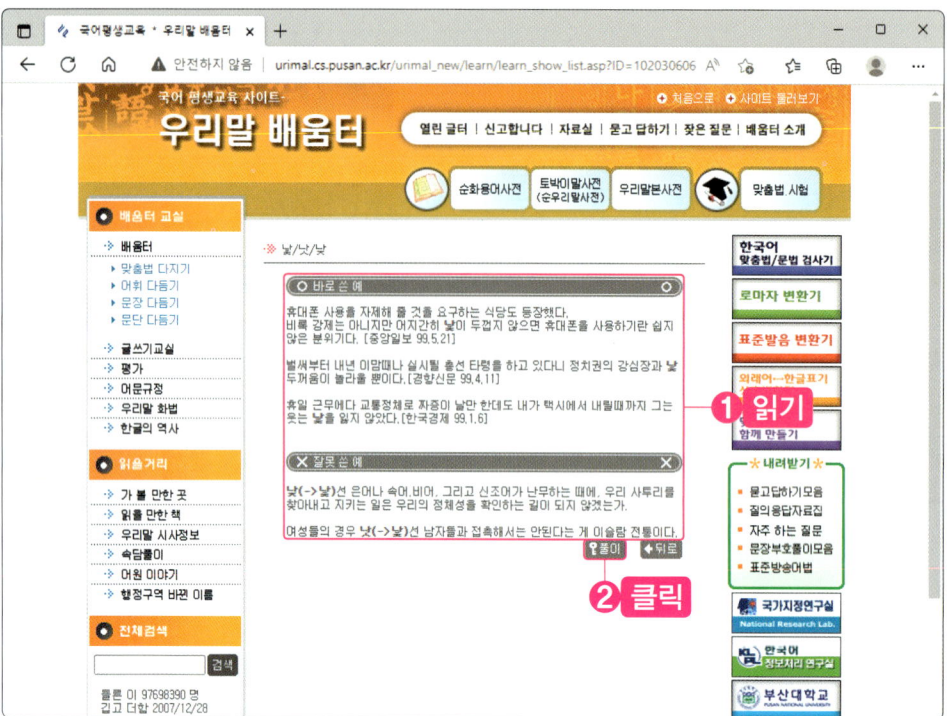

⑤ 낯/낫/낮에 관한 풀이 페이지가 나타나면 [낯/낫/낮에 관한 풀이]를 읽어 봅니다.

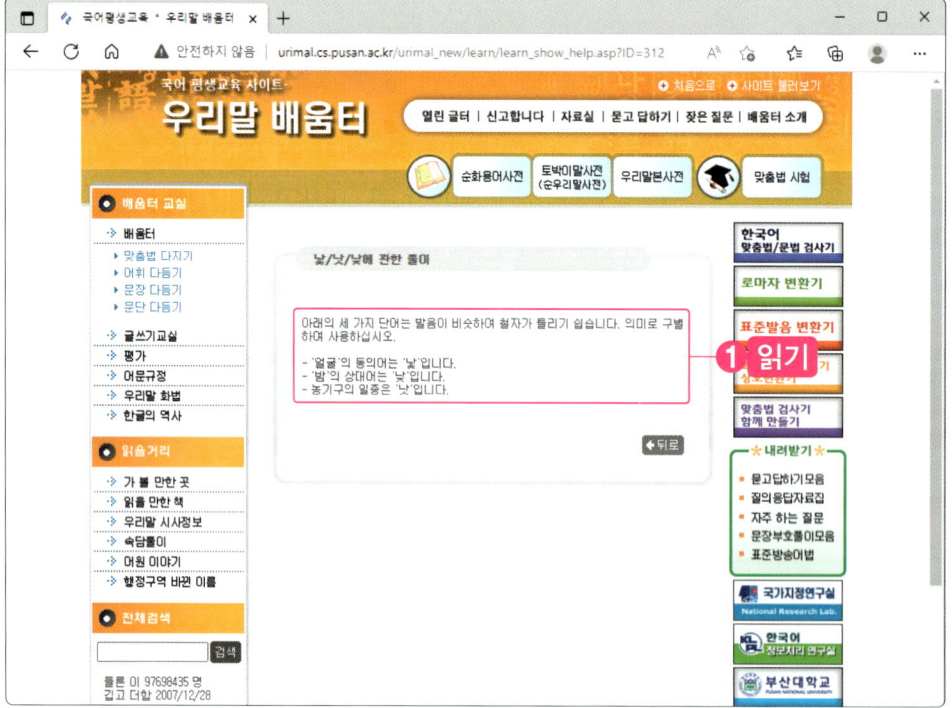

속담 알아보기

속담은 '말이란 아해 다르고 어해 다르다.'와 같이 옛날부터 전해오는 교훈이나 경계 등을 표현한 짧은 글을 말하는데요. 여러분은 알고 있는 속담이 있나요? 그럼, 속담에 대해 알아볼까요?

1 우리말 배움터 홈 페이지에서 [속담풀이]를 클릭합니다.

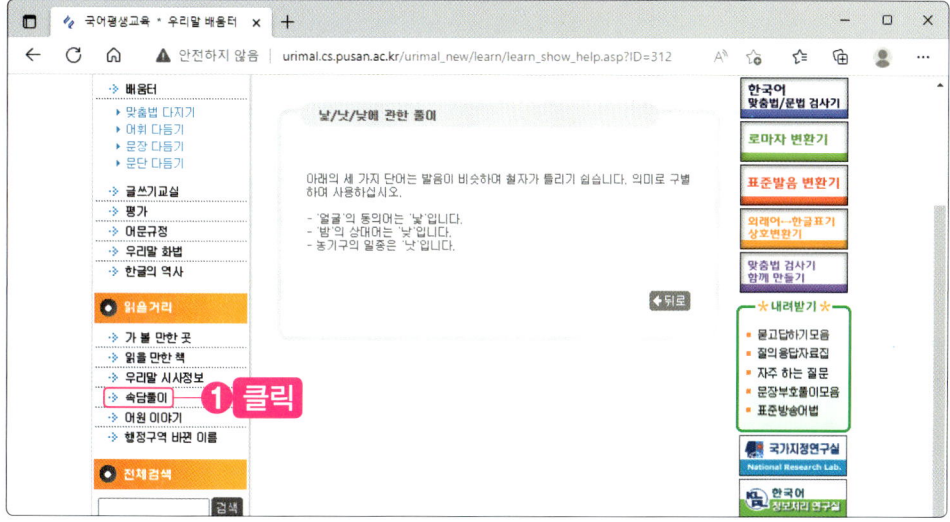

2 속담풀이 페이지가 나타나면 검색 분류(제목)를 선택한 다음 [검색]에 '낫'을 입력하고 [검색] 단추를 클릭합니다.

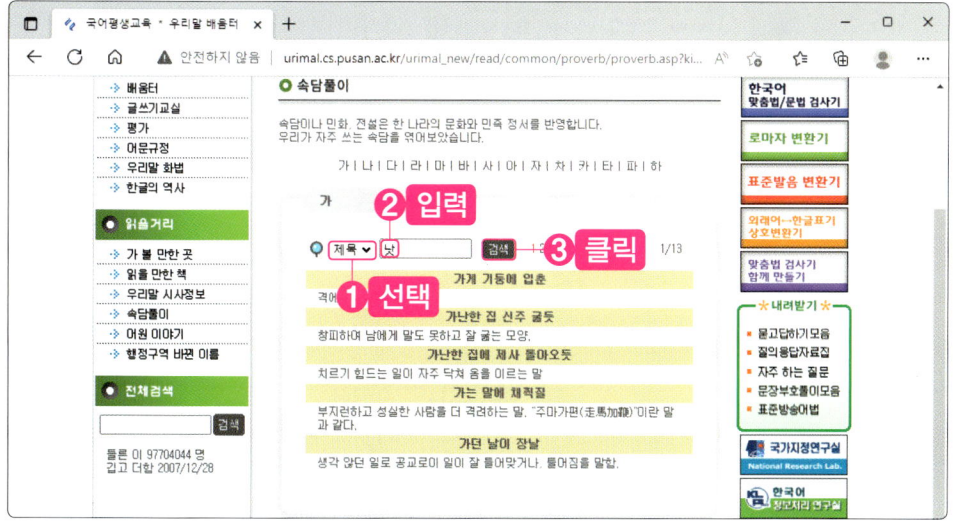

15. 발음이 비슷하네.

❸ '낫'에 대한 검색 결과가 나타나면 속담 '낫 놓고 기역자도 모른다'를 읽어봅니다.

잠깐만요!

비슷한 뜻을 가진 한자성어

속담 '낫 놓고 기역자도 모른다'에서 [비슷한 뜻을 가진 한자성어]를 클릭하면 다음과 같이 속담 '낫 놓고 기역자도 모른다'와 비슷한 뜻을 가진 한자성어를 확인할 수 있습니다.

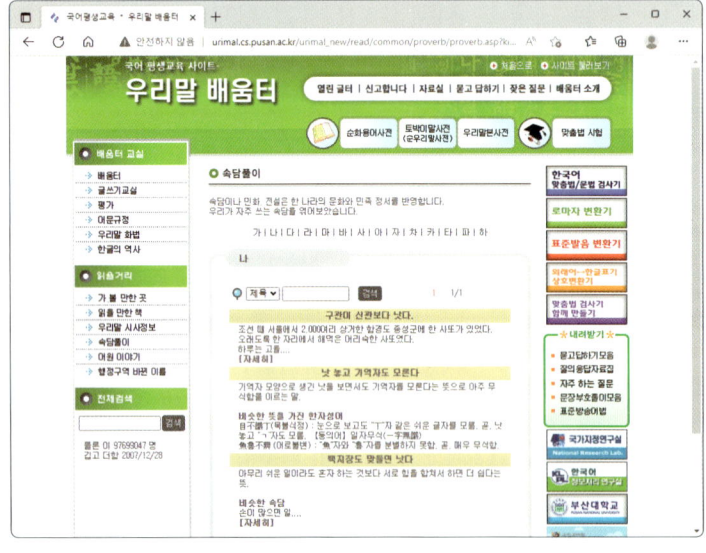

마무리 학습

1 다음과 같이 우리말 배움터 사이트(urimal.cs.pusan.ac.kr)에서 '-쟁이/-장이'를 검색해 보세요.

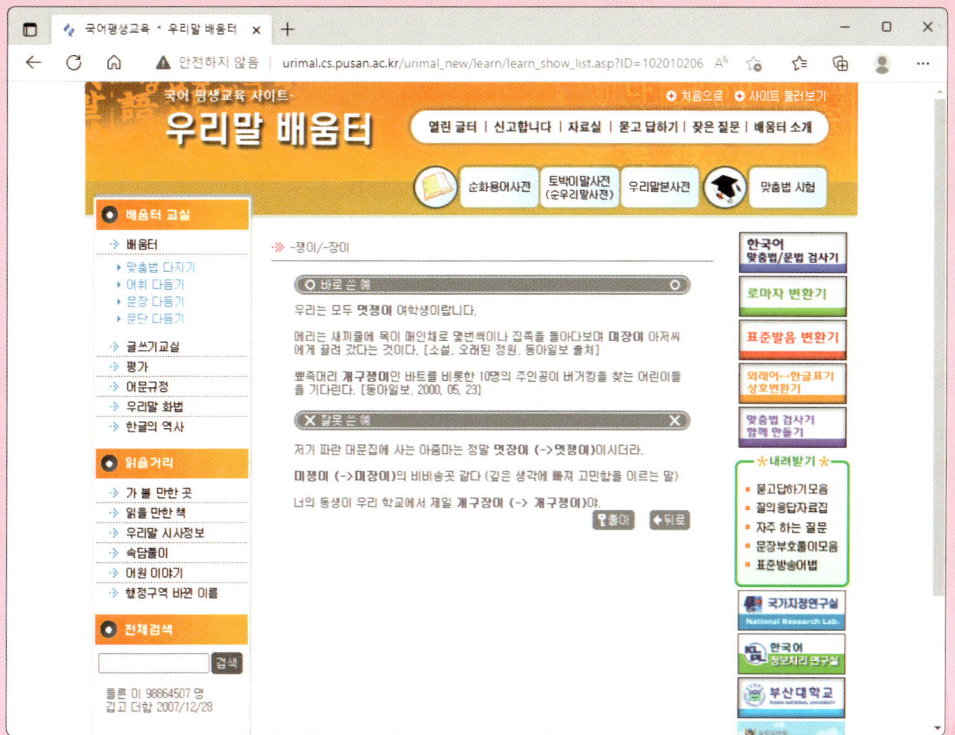

2 다음 중 바로 쓴 단어를 골라 "O"표를 하세요.

개구쟁이, 갓쟁이, 멋장이, 미장이, 심술장이

자신이 알고 있는 속담을 적어 보세요.

(예) 닭 쫓던 개 지붕 쳐다본다.

16 쏘피와 인터넷 매니저되기

월 일

인터넷 매니저가 된 쏘피가 인터넷 도움 센터를 열었어요. 인터넷 도움 센터는 친구들이 인터넷을 잘 할 수 있도록 도와주는 센터인데요. 너무 많은 친구들이 찾아와서 쏘피가 힘든 것 같아요. 쏘피가 힘들지 않도록 여러분이 도와주세요.

1. 쏘피한테 🏠[홈]을 클릭하면 기본 시작 페이지에 접속하지 않고 쥬니어네이버 사이트(jr.naver.com)에 접속할 수 있도록 도와달라는 친구가 찾아왔어요. 쏘피는 [설정]의 [시작, 홈 및 새 탭]에서 홈 단추에 쥬니어네이버 사이트를 지정하면 된다고 하네요. 쏘피가 힘들지 않도록 여러분이 도와주세요.

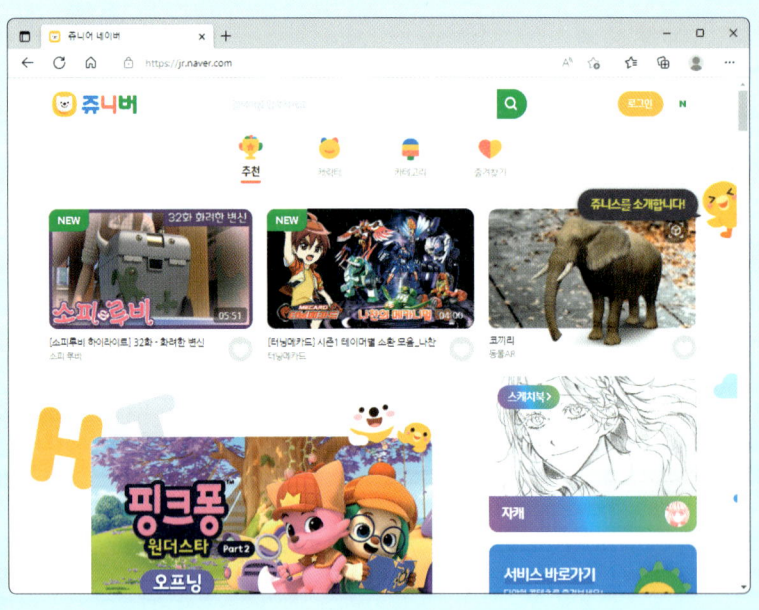

2. 쏘피한테 엣지를 실행한 다음 둘리뮤지엄 사이트(www.doolymuseum.or.kr)에 접속하지 않고 바로 둘리뮤지엄 사이트에 접속할 수 있도록 도와달라는 친구가 찾아왔어요. 쏘피는 작업 표시줄에 둘리뮤지엄 사이트를 고정하면 된다고 하네요. 쏘피가 힘들지 않도록 여러분이 도와주세요.

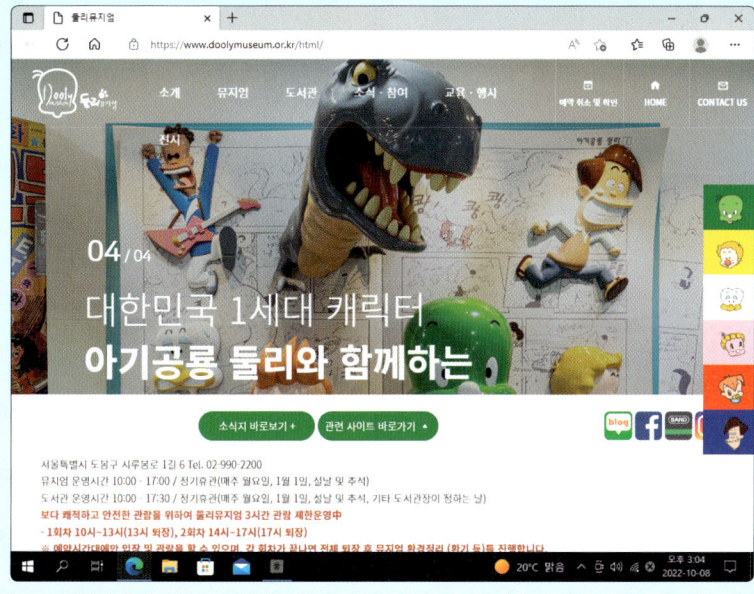

3. 쏘피한테 내 컴퓨터로 고양이 사진을 가져올 수 있도록 도와달라는 친구가 찾아왔어요. 쏘피는 네이버 사이트(www.naver.com)에서 '고양이'를 검색한 다음 다른 이름으로 고양이 사진을 저장하면 된다고 하네요. 쏘피가 힘들지 않도록 여러분이 도와주세요.

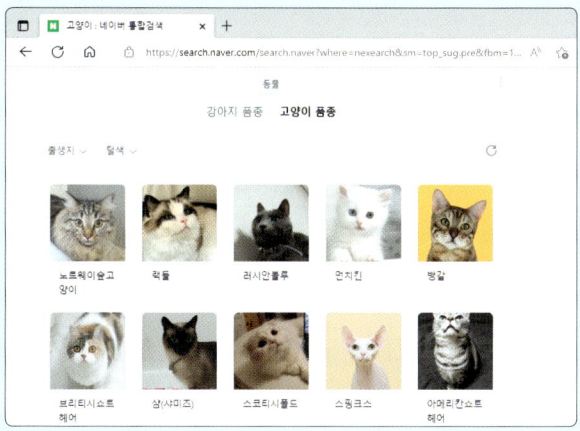
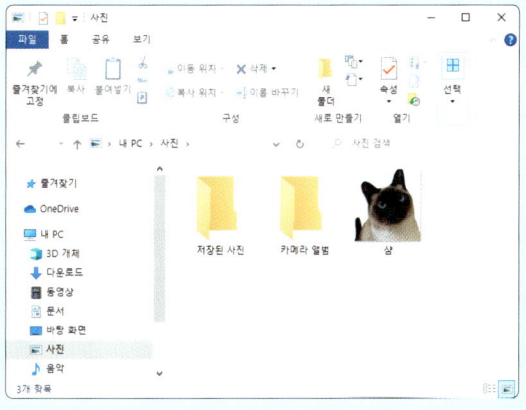

4. 쏘피한테 테트리스 게임을 구입할 수 있도록 도와달라는 친구가 찾아왔어요. 쏘피는 스토어에서 테트리스 게임을 구입할 수 있다고 하네요. 쏘피가 힘들지 않도록 여러분이 도와주세요.

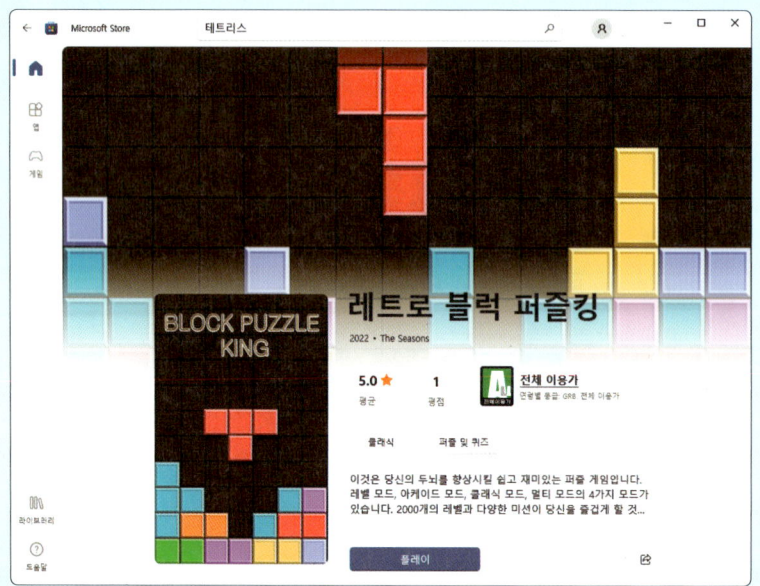

PART 03

어스와 컴퓨터 의사되기

17. 컴퓨터야, 기억이 안 나니?
18. 컴퓨터야, 정리하자~
19. 바탕 화면 아이콘이 커졌네.
20. 별이 빛나는 밤~
21. 모니터가 몇 대야?
22. 컴퓨터야, 조금 줄이자~
23. 컴퓨터야, 많이 아프니?
24. 종합활동

17. 컴퓨터야, 기억이 안 나니?

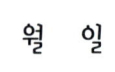
월   일

- 운영체제, CPU, 메모리에 대해 알아봅니다.
- 컴퓨터의 정보를 확인하는 방법에 대해 알아봅니다.

배울내용 맛보기

어? 누구 말이 맞는 거지?

나는 두뇌와 같은 역할을 한다고~

내가 없으면 안 될 텐데~

내가 가장 중요해~

글쎄...

선생님이 오시면 여쭤어 보자~

여러분~ 안녕! 운영체제, CPU, 메모리가 서로 자기가 가장 중요하다고 말하는데요. 운영체제, CPU, 메모리 중에 하나라도 없으면 컴퓨터를 사용할 수 없을 정도로 모두 중요하답니다. 그럼, 운영체제, CPU, 메모리에 대해 알아본 다음 컴퓨터의 정보를 확인하는 방법에 대해 알아볼까요?

운영체제, CPU, 메모리 알아보기

운영체제는 프로그램이고 CPU와 메모리는 장치인데요. 운영체제, CPU, 메모리가 하는 일은 서로 다르답니다. 그럼, 운영체제, CPU, 메모리에 대해 알아볼까요?

운영체제
윈도우 10과 같이 우리가 컴퓨터를 사용할 수 있도록 도와주는 프로그램입니다.

CPU(Central Processing Unit : 중앙처리장치)
컴퓨터에서 두뇌와 같은 역할을 하는 장치로 '프로세서'라고도 합니다. CPU는 입력 장치로 받은 명령을 처리한 다음 출력 장치로 보내는 일을 한답니다.

메모리
우리가 공부를 하기 위해 책상 위에 책을 펼쳐 놓듯이 컴퓨터가 일을 하기 위해 명령이나 자료를 기억하는 공간입니다. 메모리의 용량이 크면 그만큼 명령이나 자료를 더 많이 기억할 수 있으므로 컴퓨터의 처리 속도가 빨라진답니다.

17. 컴퓨터야, 기억이 안 나니?

컴퓨터의 정보 확인하기

운영체제는 무엇인지 CPU와 메모리의 용량은 얼마인지에 따라 컴퓨터의 성능이 달라지는데요. 여러분은 자신의 컴퓨터가 운영체제는 무엇인지 CPU와 메모리의 용량은 얼마인지 알고 있나요? 그럼, 컴퓨터의 정보를 확인하는 방법에 대해 알아볼까요?

1 ⊞[시작] 단추를 클릭한 다음 ⚙[설정]을 클릭합니다.

2 [설정] 창이 나타나면 [시스템]을 클릭합니다.

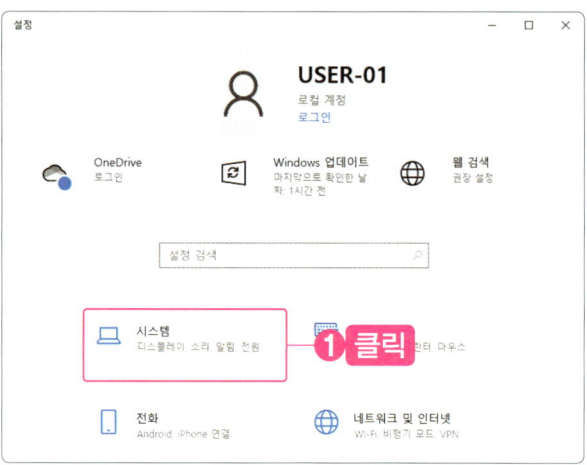

잠깐만요!

컴퓨터에서 용량을 나타내는 단위
컴퓨터에서 용량을 나타낼 때 일반적으로 사용하는 단위는 바이트(byte ; B)입니다.

킬로바이트(kilobyte ; KB)
바이트의 1024배

메가바이트(megabyte ; MB)
킬로바이트의 1024배

기가바이트(gigabyte ; GB)
메가바이트의 1024배

③ [시스템] 창의 [디스플레이]가 나타나면 [정보]에서 다음과 같이 컴퓨터의 정보를 확인할 수 있습니다.

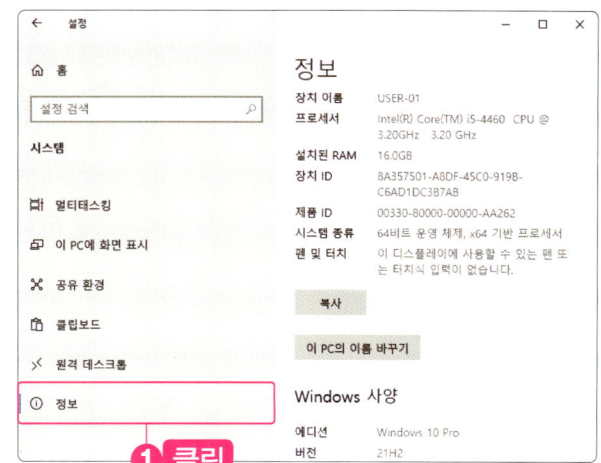

 이 컴퓨터의 운영체제는 윈도우 10, CPU는 인텔 코어 i5-4460, 메모리(RAM)의 용량은 16GB입니다.

마무리 학습

1 다음 내용을 읽고 □ 안에 들어갈 말은 무엇인지 적어 보세요.

> □□□은(는) 컴퓨터에서 두뇌와 같은 역할을 하는 장치로 '프로세서'라고도 합니다.

2 다음 중 컴퓨터에서 용량을 나타내는 단위를 작은 단위부터 나열한 것은 어느 것인지 골라 보세요.
① KB → MB → GB ② KB → GB → MB
③ GB → KB → MB ④ GB → MB → KB

우리 집 컴퓨터는 메모리의 용량이 얼마인지 알아보고 적어 보세요.

(예) 8GB

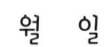

18 컴퓨터야, 정리하자~

- 하드 디스크의 용량을 확인하는 방법에 대해 알아봅니다.
- 디스크 정리를 하는 방법에 대해 알아봅니다.

하드 디스크를 정리하지 않아서 그래~

어스야~ 네 컴퓨터는 어디 아픈가 봐.

몰라~ 언제부터인지 속도도 느려졌어.

여러분~ 안녕! 어스가 하드 디스크를 정리하지 않았나 봐요. 컴퓨터를 사용하다 보면 필요하지 않은 파일이 생겨서 컴퓨터를 제대로 사용하려면 하드 디스크를 정리해야 한답니다. 그럼, 하드 디스크의 용량을 확인하는 방법과 디스크 정리를 하는 방법에 대해 알아볼까요?

하드 디스크의 용량 확인하기

여러분은 자신의 컴퓨터가 하드 디스크의 용량은 얼마인지 알고 있나요? 하드 디스크의 용량이 부족하면 속도가 느려지거나 프로그램을 다운로드할 수 없게 되는 등 컴퓨터를 제대로 사용할 수 없게 된답니다. 그럼, 하드 디스크의 용량을 확인하는 방법에 대해 알아볼까요?

1 파일 탐색기를 실행하기 위해 ■[시작] 단추를 클릭한 다음 앱 뷰에서 [Windows 시스템]을 클릭하고 [파일 탐색기]를 클릭합니다.

2 파일 탐색기가 실행되면 탐색 창에 있는 [로컬 디스크 (C:)]의 바로 가기 메뉴에서 [속성]을 클릭합니다.

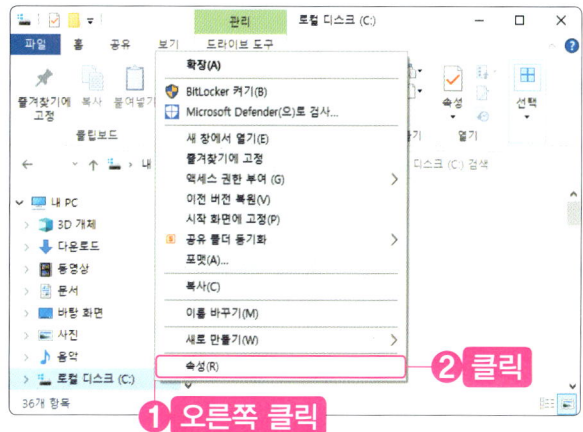

3 다음과 같이 [로컬 디스크 (C:) 속성] 대화상자의 [일반] 탭이 나타나면 하드 디스크의 용량을 확인할 수 있습니다.

이 하드 디스크의 용량은 232GB 인데요. 사용 중인 공간은 179GB 이고, 여유 공간은 53GB입니다.

18. 컴퓨터야, 정리하자~

디스크 정리하기

컴퓨터를 사용하다 보면 다운로드한 프로그램 파일이나 임시 인터넷 파일 등 필요하지 않은 파일이 생기기 마련인데요. 디스크 정리는 필요하지 않은 파일을 삭제하여 하드 디스크의 여유 공간을 확보하는 기능이랍니다. 그럼, 디스크 정리를 하는 방법에 대해 알아볼까요?

1 [로컬 디스크 (C:) 속성] 대화상자의 [일반] 탭에서 [디스크 정리] 단추를 클릭합니다.

2 얼마만큼의 디스크 공간을 비울 수 있는지 계산한 다음 [디스크 정리: (C:)] 대화상자가 나타나면 [삭제할 파일]에서 모든 파일을 선택하고 [확인] 단추를 클릭합니다.

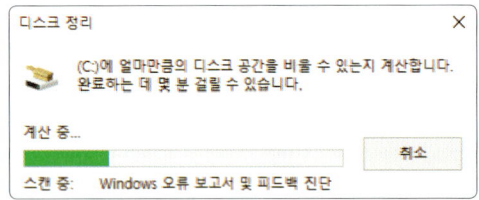

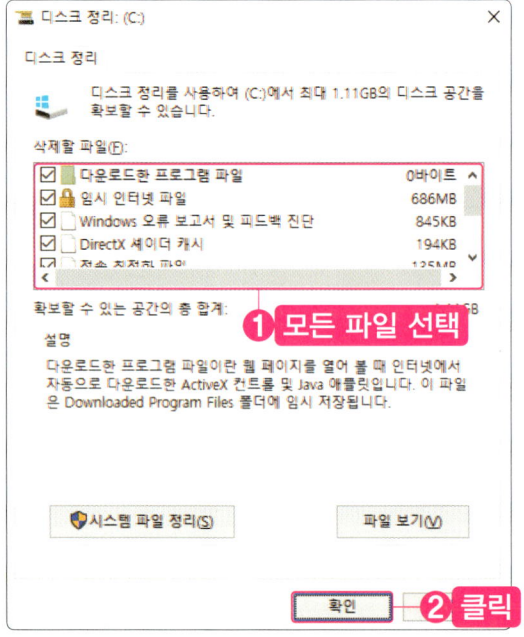

3 '이 파일을 완전히 삭제하시겠습니까?'라고 묻는 대화상자가 나타나면 [파일 삭제] 단추를 클릭합니다.

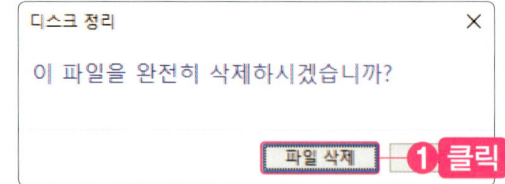

빠터진 컴퓨터 모험2

4 컴퓨터에서 필요 없는 파일을 정리한 다음 [로컬 디스크 (C:) 속성] 대화상자의 [일반] 탭이 다시 나타나면 여유 공간이 늘어난 것을 확인할 수 있습니다.

마무리 학습

1 다음 내용을 읽고 ☐ 안에 들어갈 말은 무엇인지 적어 보세요.

> ☐☐☐ ☐☐은(는) 필요하지 않은 파일을 삭제하여 하드 디스크의 여유 공간을 확보하는 기능입니다.

2 다음 그림을 보고 하드 디스크의 용량 중에서 사용 중인 공간과 여유 공간의 용량은 얼마인지 적어 보세요.

우리 집 컴퓨터는 하드 디스크의 용량이 얼마인지 알아보고 적어 보세요.

(예) 500GB

19 바탕 화면 아이콘이 커졌네.

월   일

- 바탕 화면 아이콘을 큰 아이콘으로 변경하는 방법에 대해 알아봅니다.
- 바탕 화면에 컴퓨터 아이콘을 표시하는 방법에 대해 알아봅니다.

배울내용 맛보기

여러분~ 안녕! 바탕 화면 아이콘을 큰 아이콘으로 변경했네요. 바탕 화면 아이콘은 작은 아이콘, 보통 아이콘, 큰 아이콘으로 변경할 수 있답니다. 그럼, 바탕 화면 아이콘을 큰 아이콘으로 변경하는 방법과 바탕 화면에 컴퓨터 아이콘을 표시하는 방법에 대해 알아볼까요?

바탕 화면 아이콘을 큰 아이콘으로 변경하기

여러분은 바탕 화면 아이콘이 작게 보여서 눈이 불편한 적이 있나요? 바탕 화면 아이콘을 큰 아이콘으로 변경하면 바탕 화면 아이콘이 크게 보여서 눈이 편하답니다. 그럼, 바탕 화면 아이콘을 큰 아이콘으로 변경하는 방법에 대해 알아볼까요?

1. 바탕 화면의 바로 가기 메뉴에서 [보기]-[큰 아이콘]을 클릭합니다.

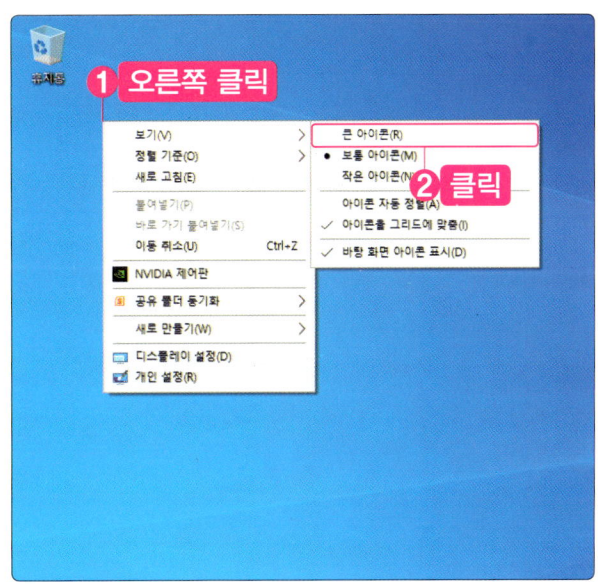

2. 다음과 같이 바탕 화면 아이콘이 큰 아이콘으로 변경됩니다.

19. 바탕 화면 아이콘이 커졌네.

바탕 화면에 컴퓨터 아이콘 표시하기

윈도우 10에서 기본적으로 제공하는 바탕 화면 아이콘에는 컴퓨터, 휴지통, 제어판 등이 있는데요. 컴퓨터는 파일 탐색기를 말한답니다. 그럼, 바탕 화면에 컴퓨터 아이콘을 표시하는 방법에 대해 알아볼까요?

1 바탕 화면의 바로 가기 메뉴에서 [개인 설정]을 클릭합니다.

2 [개인 설정] 창의 [배경]이 나타나면 [테마]에서 [바탕 화면 아이콘 설정]을 클릭합니다.

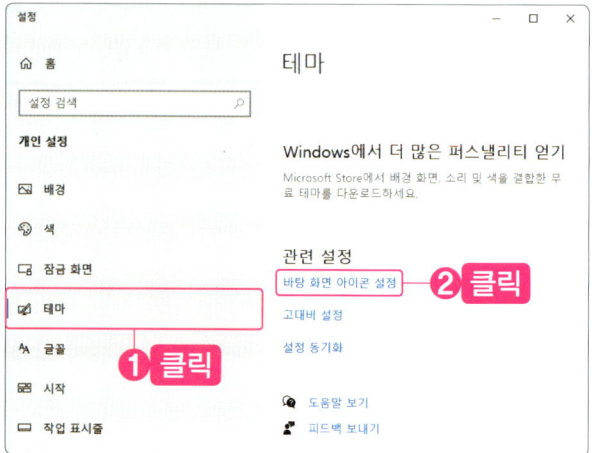

3 [바탕 화면 아이콘 설정] 대화상자가 나타나면 [컴퓨터]를 선택한 다음 [확인] 단추를 클릭합니다.

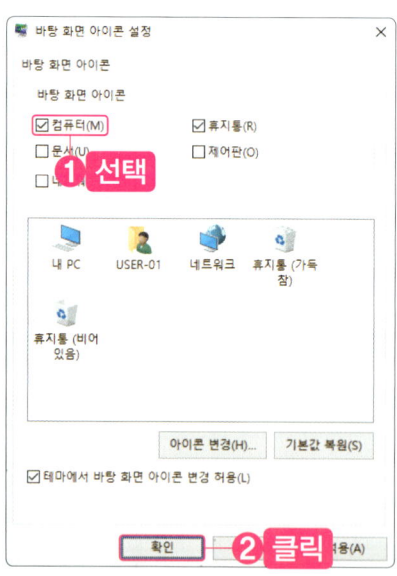

 컴퓨터 아이콘은 모양입니다.

4 바탕 화면에 컴퓨터 아이콘이 표시됩니다.

마무리 학습

1 다음과 같이 바탕 화면 아이콘을 작은 아이콘으로 변경해 보세요.

2 다음과 같이 바탕 화면에 제어판 아이콘을 표시해 보세요.

다음과 같이 바탕 화면 아이콘을 보통 아이콘으로 변경한 다음 바탕 화면에 휴지통 아이콘만 표시해 보세요.

별이 빛나는 밤~

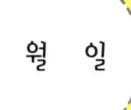
월 일

- 키보드를 사용하여 화면을 캡처하는 방법에 대해 알아봅니다.
- 캡처한 화면에서 일부분만 선택하여 저장하는 방법에 대해 알아봅니다.

배울내용 맛보기

여러분~ 안녕! 하리가 '별이 빛나는 밤' 작품만 저장하고 싶은가 봐요. 키보드와 그림판을 사용하면 '별이 빛나는 밤' 작품만 저장할 수 있답니다. 그럼, 키보드를 사용하여 화면을 캡처하는 방법과 캡처한 화면에서 일부분만 선택하여 저장하는 방법에 대해 알아볼까요?

키보드 사용하여 화면 캡처하기

키보드를 사용하여 화면을 캡처할 수 있는데요. PrintScreen 을 누르면 화면 전체가 캡처되고, Alt + PrintScreen 을 누르면 활성 창(현재 선택되어 있는 창)이 캡처된답니다. 그럼, 키보드를 사용하여 화면을 캡처하는 방법에 대해 알아볼까요?

1. 엣지를 실행한 다음 네이버 사이트(www.naver.com)에 접속합니다.

2. 네이버 홈 페이지가 나타나면 [검색어 입력]에 '빈센트 반 고흐'를 입력한 다음 [검색] 단추를 클릭합니다.

3. '빈센트 반 고흐'에 대한 검색 결과가 나타나면 [빈센트 반 고흐의 미술작품 – 네이버 지식백과]를 클릭합니다.

4. 빈센트 반 고흐 페이지가 나타나면 [별이 빛나는 밤]의 [이미지뷰어로 이동]을 클릭합니다.

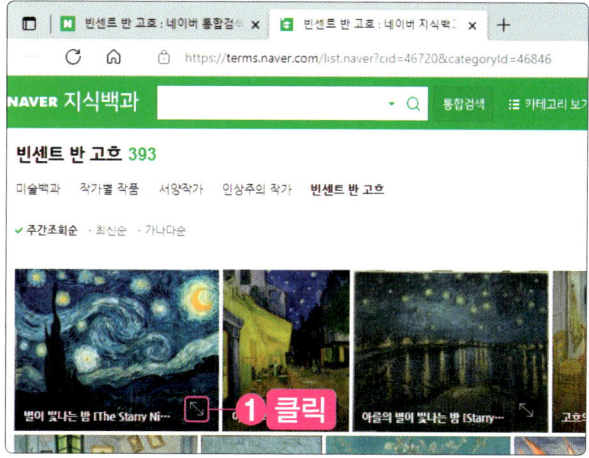

20. 별이 빛나는 밤~

5 '별이 빛나는 밤' 작품 설명 화면이 나타나면 Alt + PrintScreen 을 눌러 화면을 캡처합니다.

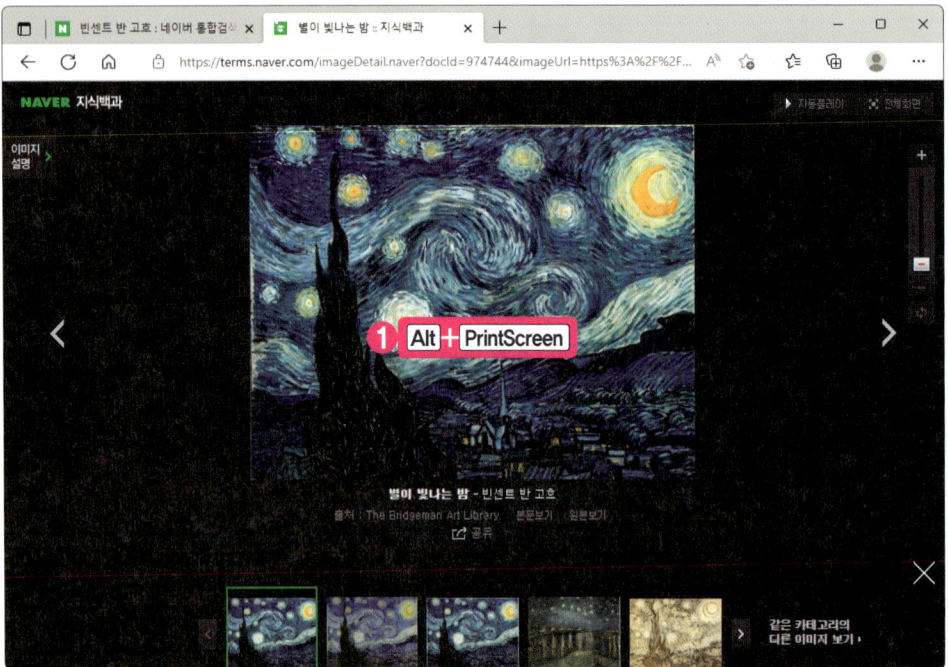

6 그림판을 실행하기 위해 ⊞[시작] 단추를 클릭한 다음 앱 뷰에서 [Windows 보조프로그램]을 클릭하고 [그림판]을 클릭합니다.

7 그림판이 실행되면 캡처한 화면을 붙여넣기 위해 [홈] 탭–[클립보드] 그룹에서 [붙여넣기]를 클릭합니다.

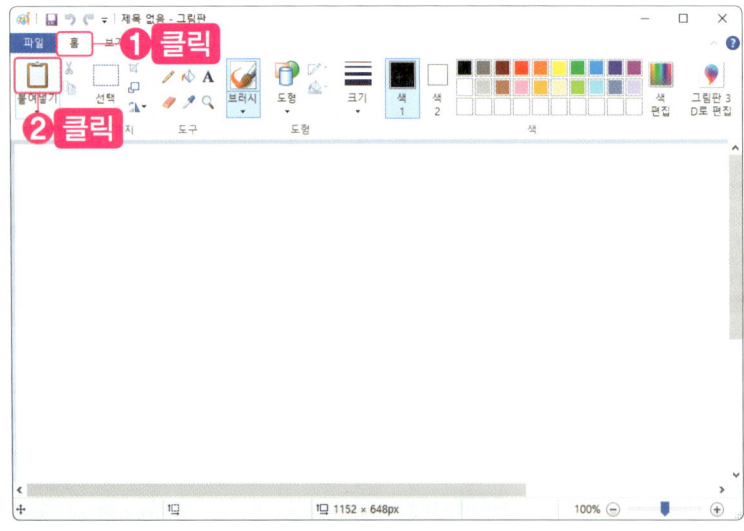

8 캡처한 화면이 붙여넣어집니다.

캡처한 화면에서 일부분만 선택하여 저장하기

그림판은 선택, 자르기, 회전 또는 대칭 이동 등의 도구를 제공하는데요. 이미지를 선택한 다음 자르기를 사용하면 '별이 빛나는 밤' 작품만 저장할 수 있답니다. 그럼, 캡처한 화면에서 일부분만 선택하여 저장하는 방법에 대해 알아볼까요?

1 '별이 빛나는 밤' 작품만 선택하기 위해 [홈] 탭–[이미지] 그룹에서 선택의 ▼[목록] 단추를 클릭한 다음 [사각으로 선택]을 선택하고 다음과 같이 드래그합니다.

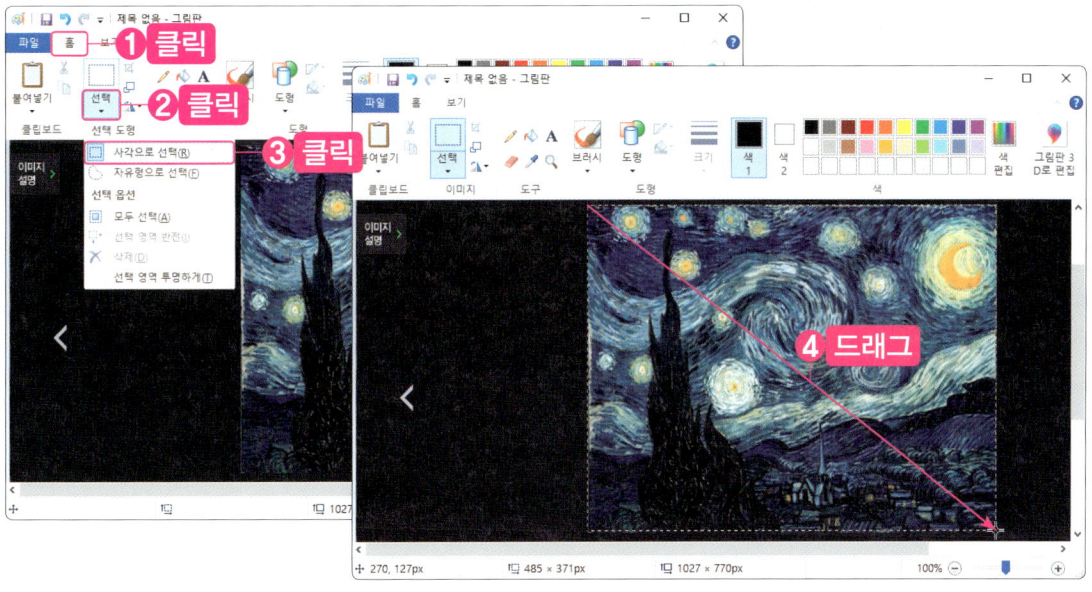

2 '별이 빛나는 밤' 작품만 남기기 위해 [홈] 탭–[이미지] 그룹에서 ▯[자르기]를 클릭합니다.

▯[자르기]를 클릭하면 캡처한 화면에서 선택한 일부분만 남겨집니다.

20. 별이 빛나는 밤~

3 '별이 빛나는 밤' 작품을 저장하기 위해 빠른 실행 도구 모음에서 [저장]을 클릭합니다.

4 [다른 이름으로 저장] 대화상자가 나타나면 폴더(내 PC\사진)를 선택한 다음 파일 이름(별이 빛나는 밤)을 입력하고 [저장] 단추를 클릭합니다.

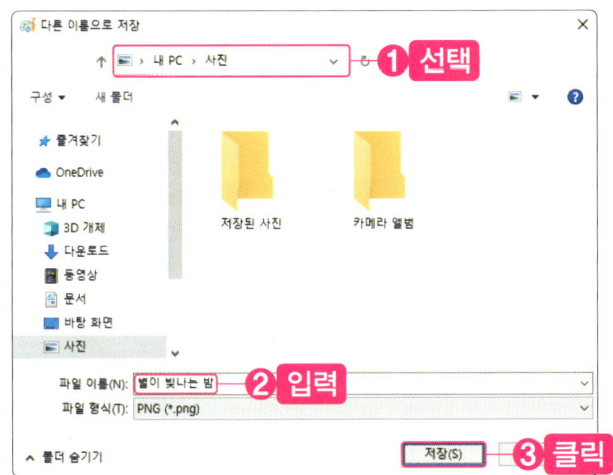

5 '별이 빛나는 밤' 작품이 저장됩니다.

마무리 학습

1 다음과 같이 키보드를 사용하여 '고흐의 방' 작품 설명 화면을 캡처한 다음 그림판에 붙여넣어 보세요.

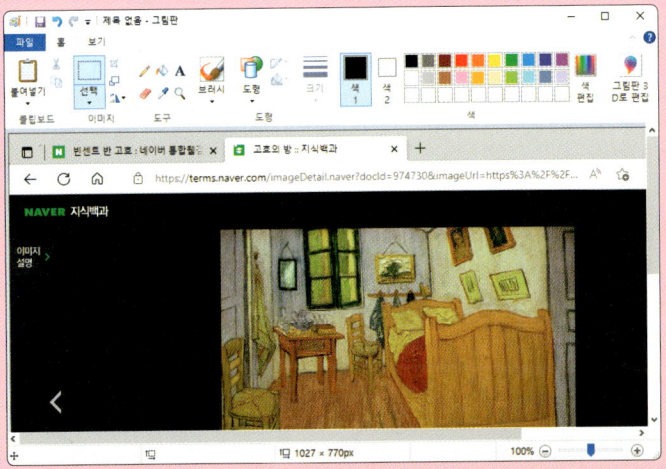

2 다음과 같이 캡처한 화면에서 '고흐의 방' 작품만 선택하여 저장해 보세요.
- 일부분만 선택하여 저장 : 폴더(내 PC\사진), 파일 이름(고흐의 방)

빈센트 반 고흐의 작품에는 어떤 작품이 있는지 알아보고 적어 보세요.

(예) 해바라기, 자화상

21 모니터가 몇 대야?

월   일

- 새 데스크톱을 만들고 데스크톱 화면을 전환하는 방법에 대해 알아봅니다.
- 데스크톱을 종료하는 방법에 대해 알아봅니다.

배울내용 맛보기

"바탕 화면이 두 개면 모니터가 두 개라는 거네… 좋은 것 아니니?"

"바탕 화면이 두 개네… 컴퓨터가 고장 난 것은 아니겠지?"

"나는 아무 것도 만지지 않았어~"

여러분~ 안녕! 컴퓨터가 고장 난 것이 아니니 걱정 안 하셔도 돼요. 새 데스크톱을 만든 것이랍니다. 그럼, 새 데스크톱을 만들고 데스크톱 화면을 전환하는 방법과 데스크톱을 종료하는 방법에 대해 알아볼까요?

새 데스크톱 만들고 데스크톱 화면 전환하기

가상 데스크톱은 여러 개의 데스크톱을 만들어 작업할 수 있는 기능인데요. 가상 데스크톱을 사용하면 여러 대의 모니터에서 작업하는 것과 같은 효과를 얻을 수 있답니다. 그럼, 새 데스크톱을 만들고 데스크톱 화면을 전환하는 방법에 대해 알아볼까요?

1 새 데스크톱을 만들기 위해 작업 표시줄에서 [작업 보기]를 클릭한 다음 [새 데스크톱]을 클릭합니다.

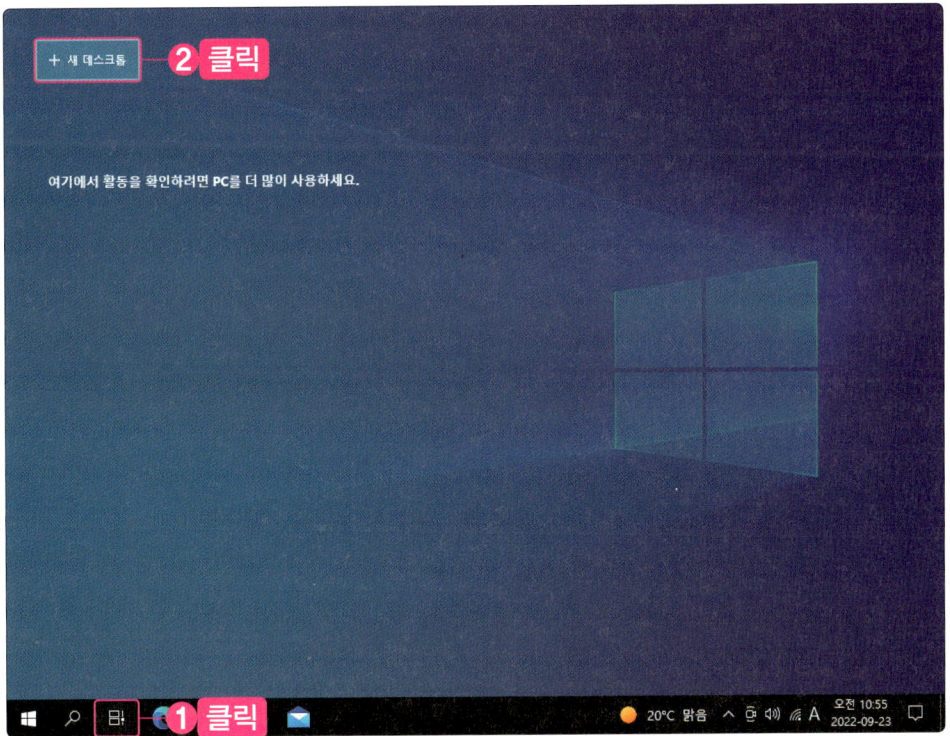

■+Tab을 누른 다음 [새 데스크톱]을 클릭하거나 Ctrl+■+D를 눌러 새 데스크톱을 만들 수도 있습니다.

21. 모니터가 몇 대야?

2 새 데스크톱이 만들어지면 [데스크톱 1]을 클릭합니다.

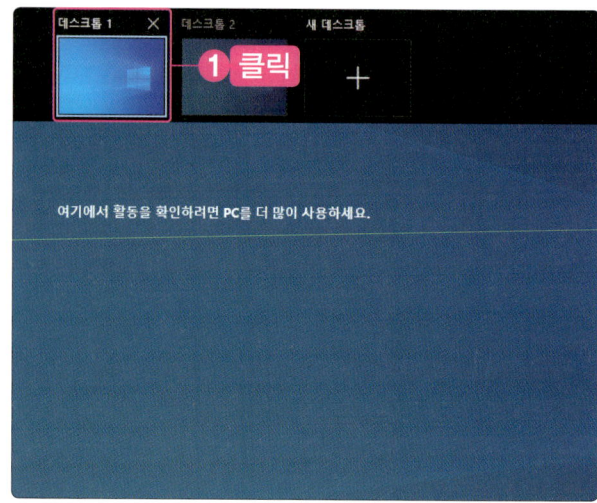

데스크톱 1은 기존의 데스크톱이고, 데스크톱 2는 새로 만든 데스크톱입니다.

3 데스크톱 1 화면이 나타나면 워드패드를 실행하기 위해 ▦[시작] 단추를 클릭한 다음 앱 뷰에서 [Windows 보조프로그램]을 클릭하고 [워드패드]를 클릭합니다.

4 워드패드가 실행되면 데스크톱 화면을 전환하기 위해 작업 표시줄에서 ▦[작업 보기]를 클릭한 다음 [데스크톱 2]를 클릭합니다.

5. 데스크톱 2 화면이 나타나면 메모장을 실행하기 위해 ⊞[시작] 단추를 클릭한 다음 앱 뷰에서 [Windows 보조프로그램]을 클릭하고 [메모장]을 클릭합니다.

6. 메모장이 실행됩니다.

 작업 표시줄에서 🔲[작업 보기]를 클릭한 다음 [데스크톱 1]을 클릭하면 데스크톱 1에 실행된 프로그램을 확인할 수 있고, [데스크톱 2]를 클릭하면 데스크톱 2에 실행된 프로그램을 확인할 수 있습니다.

잠깐만요!

프로그램을 다른 데스크톱으로 이동하기

다음과 같이 작업 표시줄에서 🔲[작업 보기]를 클릭한 다음 [데스크톱 2]로 마우스 포인터를 가져갑니다. 그런 다음 메모장을 [데스크톱 1]로 드래그하면 메모장을 데스크톱 1로 이동할 수 있습니다.

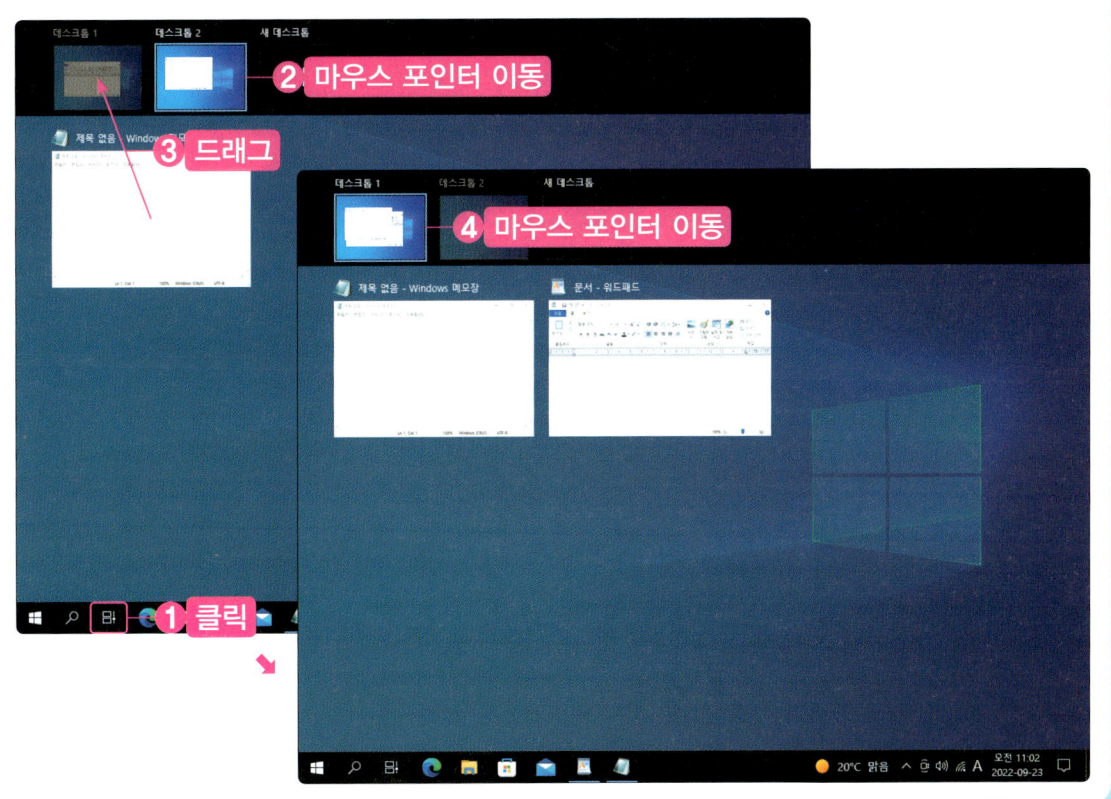

21. 모니터가 몇 대야?

데스크톱 종료하기

데스크톱을 종료하면 종료한 데스크톱에 실행된 프로그램은 종료되지 않고 다른 데스크톱으로 이동되는데요. 그래서 프로그램을 종료한 다음 데스크톱을 종료하거나 데스크톱을 종료한 다음 다른 데스크톱으로 이동한 프로그램을 종료해야 한답니다. 그럼, 데스크톱을 종료하는 방법에 대해 알아볼까요?

1 작업 표시줄에서 ▣[작업 보기]를 클릭한 다음 [데스크톱 2]의 ✕[닫기] 단추를 클릭합니다.

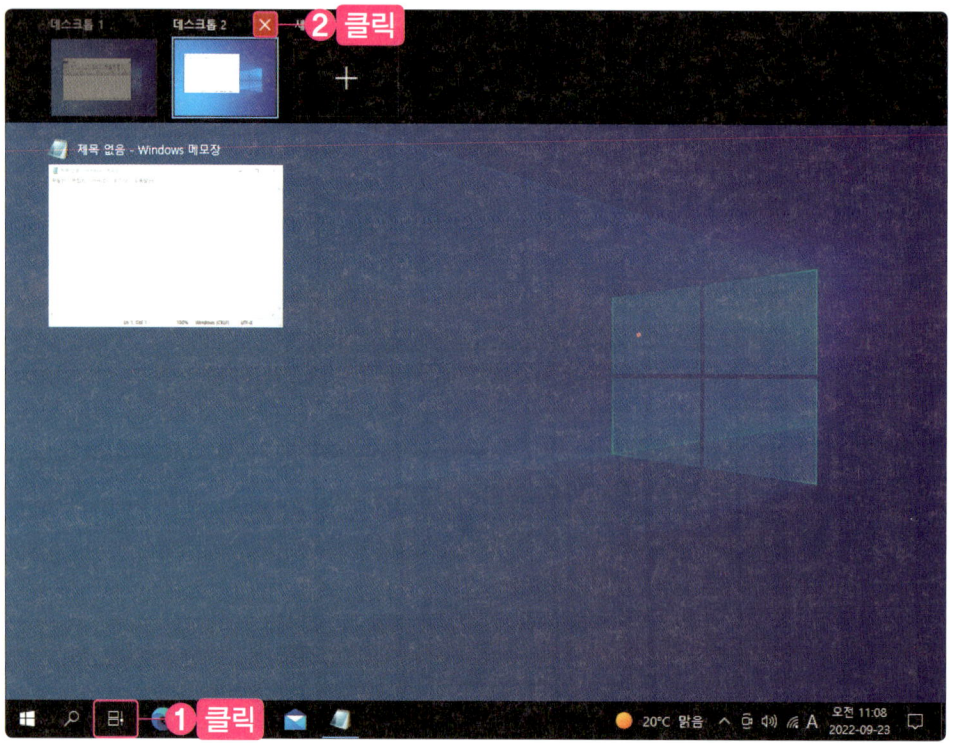

2 데스크톱 2가 종료되면 워드패드를 종료하기 위해 워드패드의 ✕[닫기] 단추를 클릭합니다.

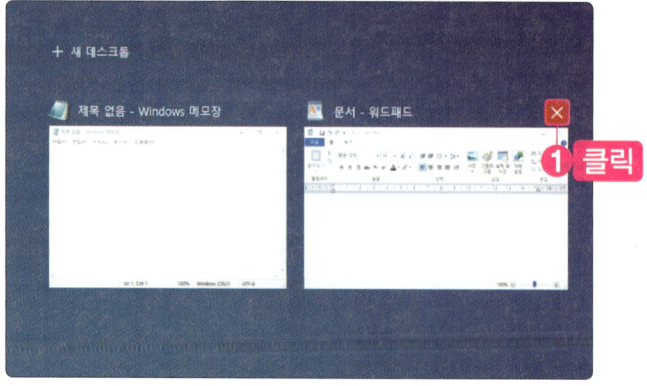

데스크톱 2가 종료되면 데스크톱 2에 실행된 메모장은 종료되지 않고 데스크톱 1로 이동됩니다

③ 같은 방법으로 메모장을 종료합니다.

마무리 학습

① 다음과 같이 새 데스크톱을 만든 다음 데스크톱 1에서 그림판을 실행하고 데스크톱 2에서 캡처 도구를 실행해 보세요.

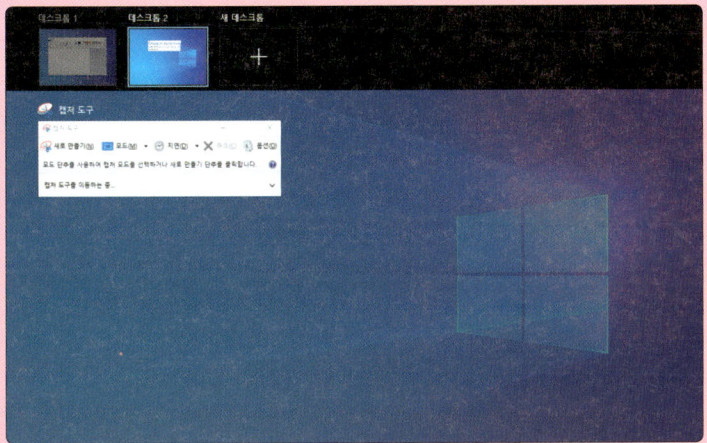

② 다음과 같이 캡처 도구를 데스크톱 1로 이동해 보세요.

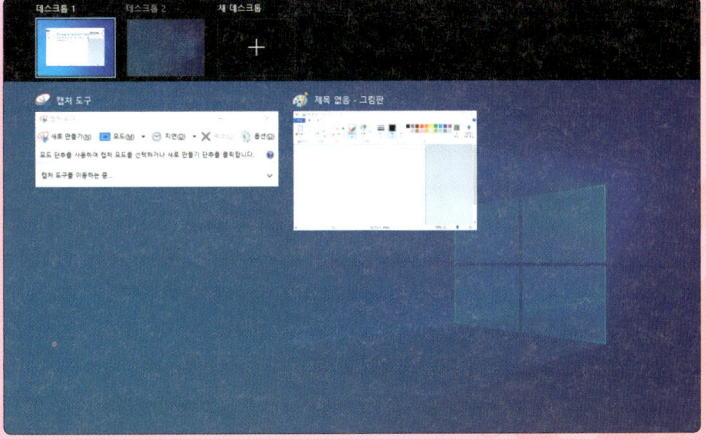

데스크톱 2를 종료한 다음 그림판과 캡처 도구를 종료해 보세요.

22 컴퓨터야, 조금 줄이자~

월 일

- 파일을 압축하는 방법에 대해 알아봅니다.
- 압축을 푸는 방법에 대해 알아봅니다.

여러분~ 안녕! 어스가 하드 디스크의 용량이 부족한가 봐요. 파일을 압축하면 하드 디스크의 용량을 절약할 수 있어서 어렵게 구한 파일을 지울 필요가 없답니다. 그럼, 파일을 압축하는 방법과 압축을 푸는 방법에 대해 알아볼까요?

파일 압축하기

파일의 크기를 줄이는 것을 '압축'이라고 하는데요. 윈도우 10에서는 알집이나 반디집 등의 압축 프로그램이 없어도 파일을 압축하거나 압축을 풀 수 있답니다. 그럼, 파일을 압축하는 방법에 대해 알아볼까요?

1. 파일 탐색기를 실행하기 위해 ⊞[시작] 단추를 클릭한 다음 앱 뷰에서 [Windows 시스템]을 클릭하고 [파일 탐색기]를 클릭합니다.

2. 파일 탐색기가 실행되면 폴더(내 PC\바탕 화면\빵터진 컴퓨터 모험2\민속의상)를 선택한 다음 파일(기모노, 치파오, 한복)을 선택하고 [공유] 탭–[보내기] 그룹에서 [압축(ZIP)]을 클릭합니다.

 '빵터진 컴퓨터 모험2' 폴더가 없는 경우에는 '빵터진 컴퓨터 모험2' 자료를 다운로드 합니다.

22. 컴퓨터야, 조금 줄이자~

3 압축 폴더가 만들어지면 압축 폴더의 이름(아시아 민속의상)을 입력한 다음 Enter 를 누릅니다.

4 압축 폴더의 이름이 바꾸어집니다.

압축 폴더를 선택한 다음 [홈] 탭-[구성] 그룹에서 [이름 바꾸기]를 클릭하거나 F2 를 누르면 압축 폴더의 이름을 바꿀 수 있습니다.

잠깐만요!

파일을 압축하는 이유
- 파일의 크기를 줄일 수 있으므로 디스크(하드 디스크, USB 등)의 용량을 절약할 수 있습니다.
- 파일의 크기를 줄일 수 있으므로 인터넷으로 파일을 보내거나 받을 때 전송 시간을 줄일 수 있습니다.
- 여러 개의 파일을 하나의 파일로 만들 수 있으므로 파일을 편리하게 관리할 수 있습니다.

압축 풀기

윈도우 10에서는 파일을 압축하면 압축 폴더가 만들어지는데요. 압축을 풀 때는 압축 폴더를 선택한 다음 압축을 풀면 된답니다. 그럼, 압축을 푸는 방법에 대해 알아볼까요?

1 압축 폴더(내 PC\바탕 화면\빵터진 컴퓨터 모험2\민속의상\아시아 민속의상)를 선택한 다음 [압축 폴더 도구] 탭에서 [압축 풀기]를 클릭합니다.

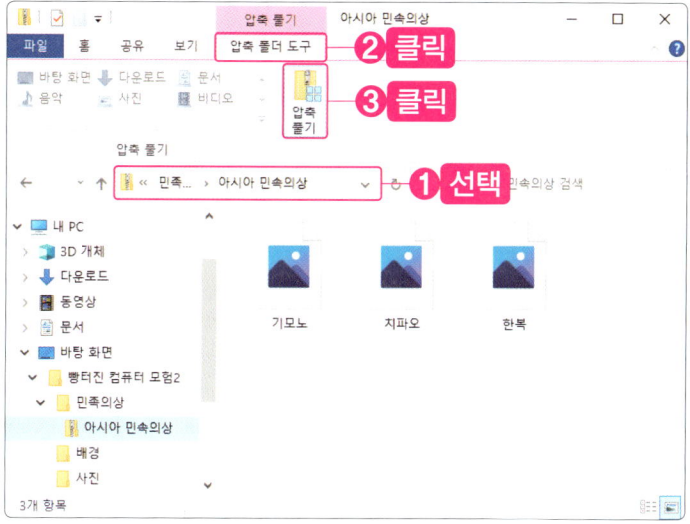

2 [압축(Zip) 폴더 풀기] 대화상자가 나타나면 [완료되면 압축을 푼 파일 표시]를 선택한 다음 [찾아보기] 단추를 클릭합니다.

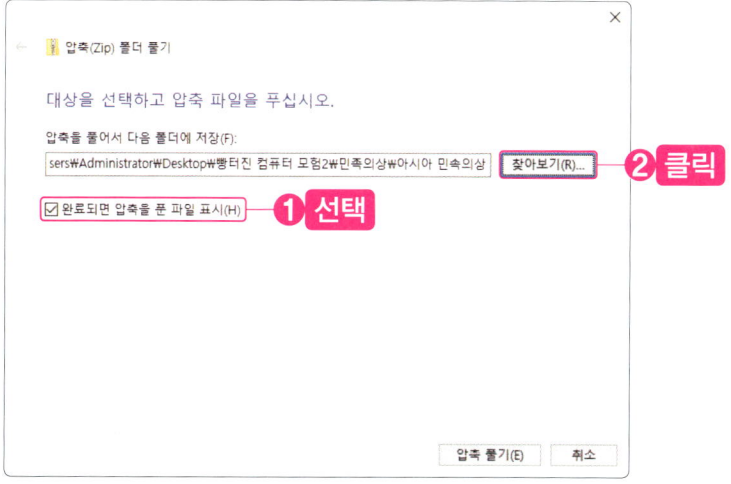

22. 컴퓨터야, 조금 줄이자~

3 [대상을 선택하십시오.] 대화상자가 나타나면 폴더(내 PC\사진)를 선택한 다음 [폴더 선택] 단추를 클릭합니다.

4 [압축(Zip) 폴더 풀기] 대화상자가 다시 나타나면 [압축 풀기] 단추를 클릭합니다.

5 다음과 같이 압축이 풀어집니다.

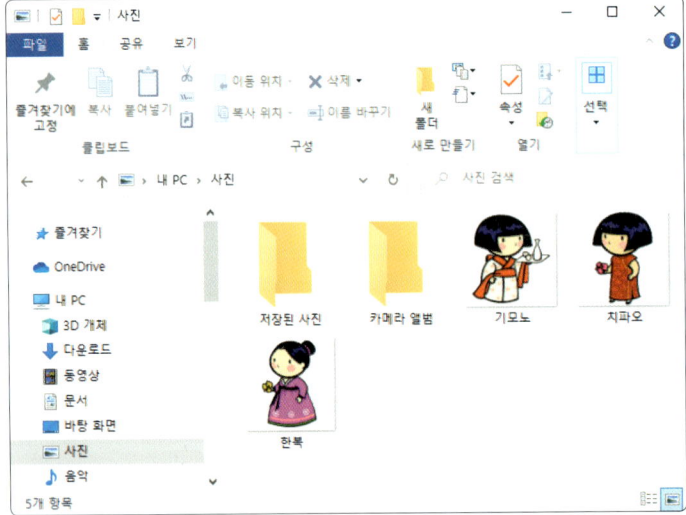

마무리 학습

1 다음과 같이 폴더(내 PC\바탕 화면\빵터진 컴퓨터 모험2\민속의상)에 있는 파일(레더호젠, 사라판, 킬트)을 압축해 보세요.
- **파일 압축** : 압축 폴더의 이름(유럽 민속의상)

2 다음과 같이 압축 폴더(내 PC\바탕 화면\빵터진 컴퓨터 모험2\민속의상\유럽 민속의상)를 풀어 보세요.
- **압축 풀기** : 폴더(내 PC\사진)

우리 집 컴퓨터에는 어떤 압축 프로그램이 설치되어 있는지 알아보고 적어 보세요.

(예) 알집

월 일

컴퓨터야, 많이 아프니?

23

● 바이러스와 악성코드에 대해 알아봅니다.
● 바이러스와 악성코드를 검사하고 치료하는 방법에 대해 알아봅니다.

배울내용 맛보기

여러분~ 안녕! 우리가 감기에 걸리면 몸이 아픈 것처럼 컴퓨터도 바이러스에 걸리면 증상이 있는데요. 부팅 시간이 갑자기 오래 걸린다면 바이러스를 검사해 봐야겠어요. 그럼, 바이러스와 악성코드에 대해 알아본 다음 바이러스와 악성코드를 검사하고 치료하는 방법에 대해 알아볼까요?

바이러스와 악성코드 알아보기

바이러스와 악성코드는 누군가가 나쁜 마음을 갖고 만든 프로그램인데요. 우리가 감기에 걸리지 않도록 손을 깨끗이 씻고 예방 주사를 맞는 것처럼 컴퓨터도 바이러스와 악성코드에 걸리지 않도록 예방하는 것이 중요하답니다. 그럼, 바이러스와 악성코드에 대해 알아볼까요?

❖ **바이러스**
우리 몰래 컴퓨터에 침투한 다음 스스로 복제하여 자료나 프로그램 등을 제대로 사용할 수 없게 만드는 나쁜 프로그램입니다.

❖ **악성코드**
우리의 허락 없이 설치된 다음 불량 사이트에 접속하거나 팝업광고를 반복해서 나타내어 컴퓨터를 제대로 사용할 수 없게 만들고 정보를 유출하는 나쁜 프로그램입니다.

♥ **바이러스와 악성코드에 걸렸을 경우의 증상**
- 부팅 시간(컴퓨터를 사용할 수 있도록 만드는 시간)이 갑자기 오래 걸리거나 컴퓨터의 성능이 떨어집니다.
- 파일의 크기가 커지거나 파일의 이름이 바꾸어집니다.
- 프로그램이 실행되지 않습니다.
- 엣지를 실행하면 불량 사이트에 접속하거나 팝업광고를 반복해서 나타냅니다.

♥ **바이러스와 악성코드를 예방하는 방법**
- 정품 프로그램을 사용합니다.
- 이상한 이메일은 열어 보지 않고 지웁니다.
- 불량 사이트에 접속하지 않습니다.
- 최신 버전의 백신 프로그램(바이러스와 악성코드를 검사하고 치료할 수 있는 프로그램)을 사용하여 바이러스와 악성코드를 정기적으로 검사합니다.

23. 컴퓨터야, 많이 아프니?

바이러스와 악성코드 검사하고 치료하기

컴퓨터가 바이러스와 악성코드에 걸렸을 경우의 증상이 있으면 최신 버전의 백신 프로그램을 사용하여 바이러스와 악성코드를 검사하고 치료해야 하는데요. 백신 프로그램에는 알약, V3 Lite, 다잡아 등이 있답니다. 그럼, 바이러스와 악성코드를 검사하고 치료하는 방법에 대해 알아볼까요?

1 알약을 실행하기 위해 ⊞[시작] 단추를 클릭한 다음 [알약]을 클릭합니다.

알약이 설치되어 있지 않으면 엣지를 실행한 다음 알툴즈 사이트(www.altools.co.kr)에 접속하여 알약을 설치합니다.

2 알약이 실행되면 [정밀검사] 단추를 클릭합니다.

[UPDATE] 단추를 클릭하면 최신 버전의 알약으로 업데이트할 수 있습니다.

3 [정밀검사] 창의 '정밀검사 영역을 설정합니다.' 화면이 나타나면 검사할 디스크(로컬 디스크 (C:))를 선택한 다음 [검사시작] 단추를 클릭합니다.

④ 정밀 검사를 한 다음 [정밀검사] 창의 '정밀검사를 완료하였습니다.' 화면이 나타나면 [닫기] 단추를 클릭합니다.

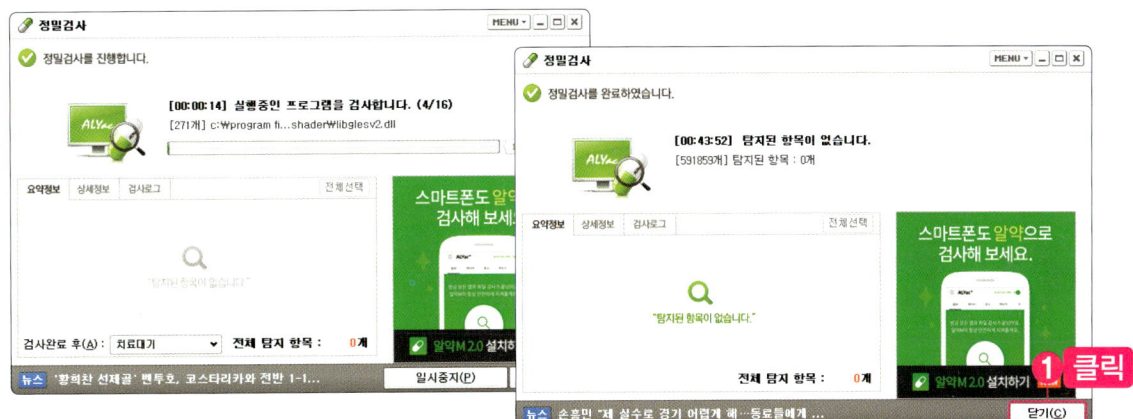

 바이러스와 악성코드가 발견되면 [치료하기] 단추를 클릭하여 바이러스와 악성코드를 치료합니다.

마무리 학습

1 다음 중 백신 프로그램은 어느 것인지 골라 보세요.
① 알집　　② 알약　　③ 반디집　　④ 다집

2 다음과 같이 빠른 검사를 해 보세요.

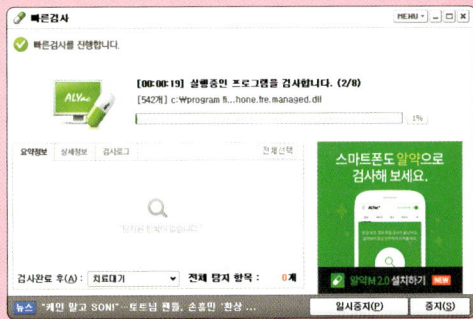

 우리 집 컴퓨터에는 어떤 백신 프로그램이 설치되어 있는지 알아보고 적어 보세요.

(예) V3 Lite

24  어스와 컴퓨터 의사되기

월 일

컴퓨터 의사가 된 어스가 컴퓨터 병원을 열었어요. 그런데 어스가 지금까지는 선생님과 함께 아픈 컴퓨터를 치료했지만 앞으로는 혼자 치료해야 하니까 걱정이 많은 것 같아요. 어스가 아픈 컴퓨터를 잘 치료할 수 있도록 여러분이 도와주세요.

1. 어스한테 바탕 화면 아이콘이 작게 보여서 눈이 불편하다는 컴퓨터가 찾아왔어요. 어스는 바탕 화면 아이콘을 큰 아이콘으로 변경하면 바탕 화면 아이콘이 크게 보여서 눈이 편하다고 하네요. 어스가 이 컴퓨터를 잘 치료할 수 있도록 여러분이 도와주세요.

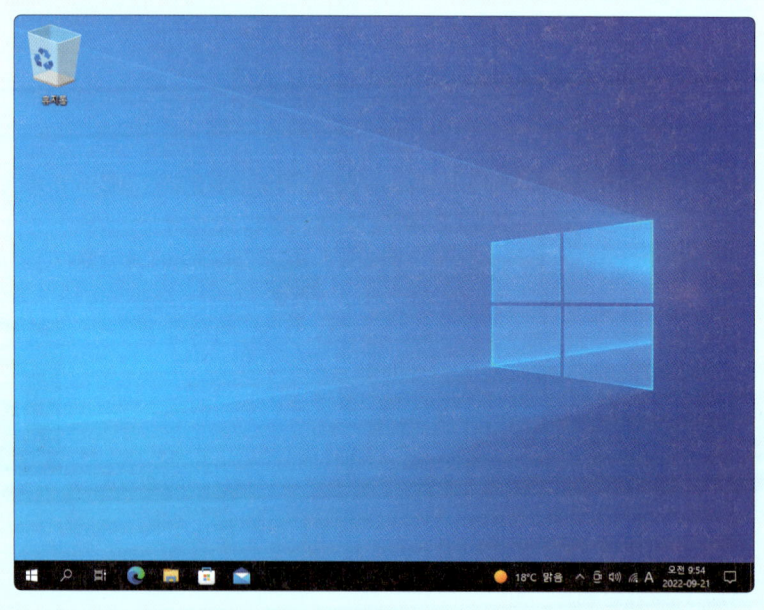

2. 어스한테 기억을 잘못해서 걱정이 된다는 컴퓨터가 찾아왔어요. 어스는 메모리의 용량이 작으면 기억을 잘못할 수도 있다면서 메모리의 용량을 확인해 보자고 하네요. 어스가 이 컴퓨터를 잘 치료할 수 있도록 여러분이 도와주세요.

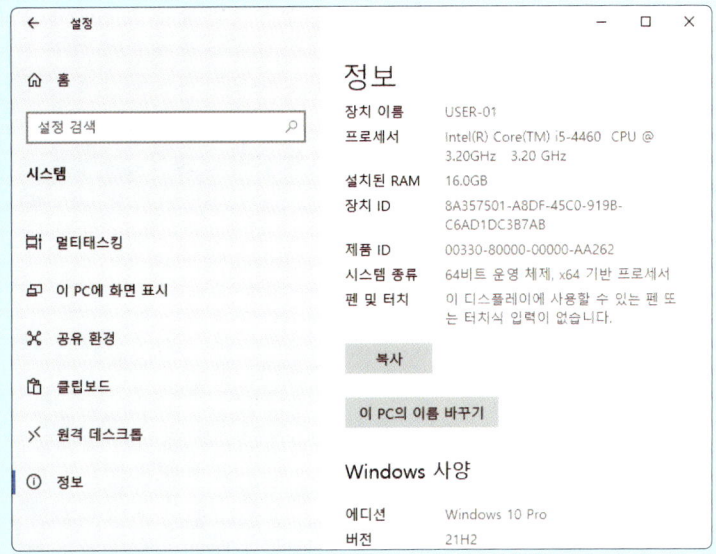

3. 어스한테 부팅 시간이 갑자기 오래 걸려서 걱정이 된다는 컴퓨터가 찾아왔어요. 어스는 바이러스에 걸렸을 경우의 증상이라면서 최신 버전의 백신 프로그램을 사용하여 바이러스를 검사해 보자고 하네요. 어스가 이 컴퓨터를 잘 치료할 수 있도록 여러분이 도와주세요.

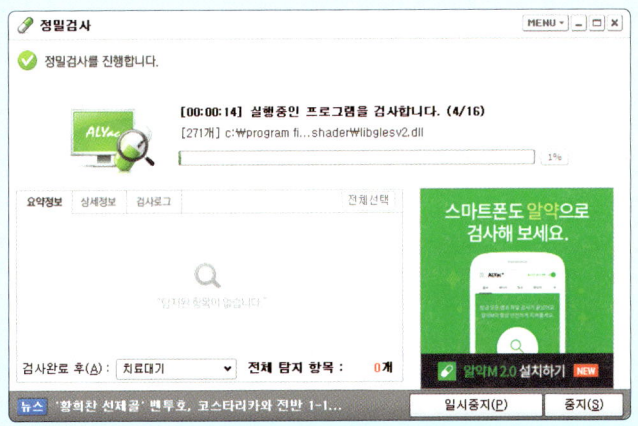

4. 어스한테 바탕 화면에 휴지통 아이콘을 표시하고 싶지 않다는 컴퓨터가 찾아왔어요. 어스는 [바탕 화면 아이콘 설정] 대화상자에서 바탕 화면에 휴지통 아이콘을 표시하지 않을 수 있다고 하네요. 어스가 이 컴퓨터를 잘 치료할 수 있도록 여러분이 도와주세요.

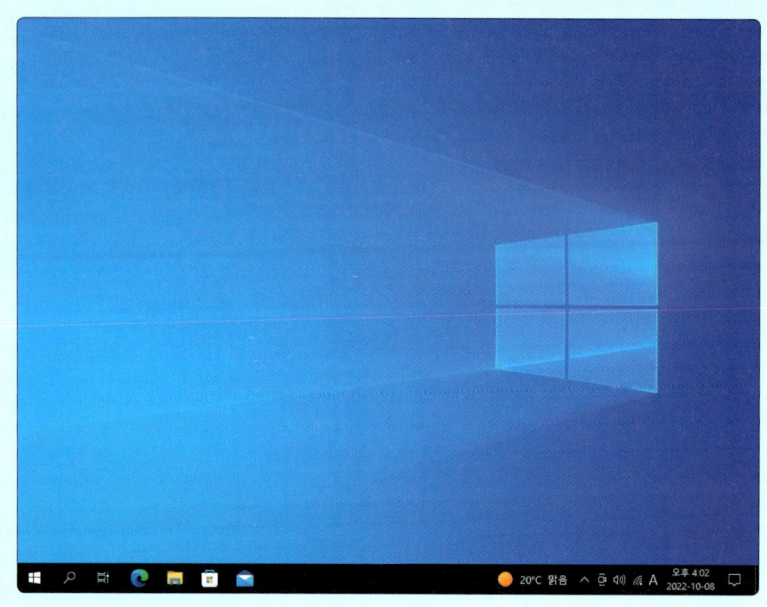